U0550741

洪箱與土地正義

朱淑娟——著

出版緣起

為優質新聞與傑出記者而努力

蕭新煌（卓越新聞獎基金會第二屆董事長）

卓越新聞獎基金會是為了肯定和獎勵優秀新聞記者而成立的。

新聞記者此一專業的特殊性，在於一個記者不論隸屬於哪個媒體，或擅長哪種路線，都應該是秉持報導事實真相、維護社會公益的前提去進行每日的新聞工作。記者不該只是一種謀生的職業，它頂著民主社會第四權的冠冕，又揭櫫言論自由的崇高價值，再加上自主性極強的作業方式，讓記者行業經常充滿個人主義色彩，有時又帶一點英雄主義氣質。

相較於學者專注與知識體系對話，記者較了解如何與社會大眾溝通。又由於經常站在重大事件的現場，他們必須目睹真相，見證歷史。在他們深入淺出、肌理生動的筆觸下，影響人類歷史的重大事件或關鍵人物，乃躍然紙上，栩栩如生。無怪乎在許多西方國家，最受歡迎的歷史人物傳記，往往出自於有新聞工作背景者之手。

當前臺灣的媒體環境實在令人很不滿意，不但有過於追逐市場、短視近利的經營心態，又缺少身為社會公器的組織自覺。一些優秀的新聞從業人員，在一開始有著滿腔熱情，卻囿於大環境，終究無法施展抱負，而挫折失望。

卓越新聞獎書系的出版計劃，就是為了鼓勵那些有志新聞專業，始終不放棄理想的傑出的資深記者，能將多年來在工作中的見聞和心得，經有系統的分析、整理後，以專書出現。這一書系的出版目的一則是要彌補報紙、雜誌或因篇幅有限，或因市場考量，所造成的題材限制；二則強調對特具意義的議題能有論述、剖析的深度與廣度。

此外，我們也希望引介國外優秀的新聞作品，讓他山之石作為本土借鏡，透過精良的譯筆，讓國內實務新聞工作者，及有志入行的傳播科系學生，也能有見賢思齊的機會。

今日的新聞，有可能是明日的歷史。新聞記者想做第一線的歷史記錄者，其工作品質的良窳，乃直接影響公眾耳目的清暗和善惡判斷。如果此一書系的出版，對臺灣記者的專業品質、工作經驗累積，以及工作成果發表能有貢獻，那我們的努力便沒有白費。

目錄

第一部・一般徵收

第二部・區段徵收

第三部・市地重劃

第四部・另類徵收

獻給洪箱

1955 — 2023

推薦序

反迫遷：需要民主的細節，以及細節的民主

朱增宏

你完全可將本書當武俠小說來讀。

武林四大魔頭「一般徵收」賈公益、「區段徵收」童吃、「市地重劃」冠人頭，及「另類徵收」由他說，各自盤據一方，羽翼豐厚，倉稟富庶。

道高一尺，魔高一丈。加上江湖無常，在民主王朝，魔道四年一輪常常腳色互換，翻臉跟翻書一樣。更慘的是，就因為是王朝民主，選票跟鈔票可以互換，魔跟道也就常常一人分飾兩角，甚至多角。老百姓傻傻分不清，一旦禍到臨頭往往天地不應。

魔之內功既深且厚，第一招是「目中無人」。一出手，方圓百里無一倖免，乾淨俐落。

例如，機場捷運Ａ７站周圍有較多農業區、保護區適合開發。……彷彿那是一塊荒地。……計畫書談的都是城市發展、可獲得多少開發利益等等，至於有多少人住在這裡、他們的生活如何、徵收對他們有什麼影響等等，隻字未提。（P.164）

第二招是「以多吃少」。他永遠是多數，你永遠是少數。

第三招「聲公擊私」。沒錯，這招是從「聲東擊西」變化而來。用在殺人不見血的土地掠奪戰，威力無窮，所向披靡。他永遠是公益（因為你選他當「公僕」），你永遠是私利（為了你自己的家、你自己的土地，誰能說不是呢？）

以上三招，書中不勝枚舉，這裡不再舉例。

魔的外功，招數不多，但辨識度高，可都走陰狠路線，幾乎招招見效。

例如，台中市二〇一〇年黎明幼兒園土地重劃會，開始告地主「拆屋還地」，很多人受不了恐嚇、折磨，最後都被迫妥協。

一位老農，不願意重劃，因為他只能種田維生。於是，「水源斷掉」、「土倒

在農地上」、「怪手載大石頭倒在田裡」，他沒辦法移開，只好含恨投降。（P.206）

最後，還有絕招，叫做「程序正義」。最絕，因為程序都是由魔安排，走過一遍正義就「到位」了。環評、都計、區委、重劃等等，都將這招發揮得淋漓盡致——家、土地都沒了，「死」老百姓還不知道有這個程序。

有一本書，記全了魔頭的內外功夫，名叫《罄竹難書》。所幸，武林有洪箱，以及許多從「死」老百姓蛻變成反迫遷、護家護土的鬥士。女俠洪箱本是一介農婦，內功當然很難跟魔頭抗衡。但她天生土長的口語駕馭能力超強，不斷土法煉鋼，成就少有的獅子吼，拳打腳踢，竟也三番兩次擊退來犯的魔兵魔將，維護了一塊武林淨土——能夠繼續種番薯。行有餘力，則四處援助其他正在對抗魔界的戰場。

小說世界有兩種。一種希望自己是主角，另一種希望自己永遠不會是其中一角。但是誰能保證呢？洪箱或是本書每一章節中的主角、合角、支持角，也從來不曾想到自己一輩子守護、依靠的家園，有一天會被四大魔頭入侵。

但我相信，當夜深人靜，卸下總統、市長、里長、議員的面具，每個人心中都應該還會有一塊柔軟的地方。戴著面具流淚，跟鱷魚一點關係都沒有。

問題在於民主王朝本身就有內在矛盾：人民本來是選「公僕」，但選完後公僕就變成了王，王決定了大小官員，官員決定遊戲規則，這規則保障的卻是——「多可以吃少，大可以欺小，強可以凌弱」。

■

因此，細節很重要，民主不能只有選票。遊戲規則、程序正義這件事，這件事的細節，也必須民主。

不只《都市計畫法》、《土地徵收條例》等等這些魔頭依靠的祕笈，應該有足以克魔治邪的資訊公開、聽證制度。

迫遷、搶地，毀家、滅村，這些都是以各種「計畫」為名。《行政程序法》第一六四條有關行政計畫之擬訂、確定、修訂及廢棄與聽證之程序，必須盡早問世、落實。

反迫遷—護家護土運動，還可以向海洋保育與勞動人權學習。《行政程序法》第六節（第三十六～四十三條）標題是「調查事實及證據」，但內容不痛不癢，負責「調查」的行為人、單位主管、機關首長、委辦機構，需負的責任，也就不明不白。針對行政調查，應該學習國際勞工與環保運動，推動歐盟訂定的《企業永續盡職調查義務指令》（CSDDD, 2024）。

針對各種徵收計畫需要掌握的事實及證據，目的事業主管機關也好，審查監督機關也好，不只是調查而已，而是要「盡職調查」。意即須以風險為前提、預警為原則，有行政、政治、資源的支持，採有效措施、方法來調查，使得辨識、評估、預防、減緩，甚至避免其對環境與人權造成侵害的可能性。

至於有關事實與證據的資訊，也可以向漁業永續、海洋保育運動學習，建構每一個徵收計畫中各個關鍵追蹤事件（critical tracking events, CTEs）的各個關鍵資訊項目（key data elements, KDEs）。每個資訊項目都應清楚定義、電子化，透過資安技術（例如區塊鏈）避免竄改。並且標準化，可以跨縣市、部會、跨公私部門、跨行政與司法部門流通。為避免「垃圾進，垃圾出」的資訊盲點，還應有第三公正單位稽核制度，驗證資訊的信度與效度。

如果民主不能只有選票，那麼比照選舉委員會，應設置中央聽證委員會，主管各種土地徵收、迫遷、環評等等重大計畫、爭議的資訊公開、聽證制度。也可以為辦理聽證業務，得於直轄市及縣（市）設「聽證委員會」。相信這將可以大大減少法條殺人、程序殺人的犯罪率，減輕現行獄政、矯正機關的負擔。

責任倫理的基礎是行政聽證、計畫聽證，聽證的基礎是資訊公開，資訊奠基於盡職調查，而資訊的範疇、呈現，應予明確化、電子化、標準化。

魔鬼藏在細節裡，民主沒有在細節中落實，公僕就不會是為人民服務的「僕」，而是護魔殃民、每幾年輪值一次的「王」。

僅以此文向洪箱、鍾丁茂老師，及許許多多反威權運動的前輩致敬。

向本全問安。

（本文作者為台灣動物社會研究會執行長）

推薦序

祈願這道光永不滅，能夠永恆的照射！

徐世榮

非常感謝好友朱淑娟小姐的邀請，讓我能夠為這一本專為洪箱大姊所著的新書撰寫一篇序，這對我而言真是無上的光榮，我的內心充滿了感激，我也相當感謝因此得以事先閱讀這一本新書的精彩內容，凝聚及沈澱我的心得。

這本書除了是撰寫洪箱大姊非凡的行誼之外，也藉由她四處協助全台各地土地遭掠奪及家園遭迫遷自救會朋友的直接行動，串起了這一個時代共同遭受到政府迫害的悲慘歷史。這相當重要，也非常的有意義，因為自救會朋友往往是被污名化，致使我們甚少能夠看到從他們那個面向所提供的論述與紀錄。這是一個異常辛苦的工作，因為要將每個個案都做到詳細及正確的紀錄實在是一項長期的浩大工程，這非常的不容易，但淑娟做到了，這不得不讓人深感佩服，同時也感受到淑娟的愛心。

由於洪箱大姊在行動時往往也會號召志同道合的朋友一同前往協助，我因此時常有機會陪同她一起參與，這也使得我在瀏覽書中內容時，腦中自然浮現出許多過往的場景，內心也隨之澎湃激動或莫名哀傷。基此，我的心得大抵可以分成兩個部分來予以抒發，一為洪箱大姊所堅持的理念與價值，及其奮不顧身的善行義舉；另一則為政府及當權者如何透過體制來對於被掠奪者及被迫遷戶進行迫害。

如同淑娟在前言中用泰戈爾的「把自己活成一道光」來形容洪箱大姊，我過去則是曾以文天祥《正氣歌》內的「哲人日已遠，典型在夙昔」來形容洪箱大姊，我認為她多年來幫助台灣社會建構了「愛鄉愛土、有情有義」的重要典範，這或可以從四個方面來做詮釋。

第一、喚醒台灣社會重視農業的真正價值。

長期以來政府都是發展台灣的工商業，嚴重忽略重要的農業，因為政府認為農業每年的經濟產值僅占不到GDP的三%，因此土地及水都要轉移至工商業使用。但是，洪箱大姊卻告訴我們，農業的價值不僅只是在於市場的經濟產值，它還有其他重要、卻無法量化的價值，如環境生態、身體健康及社會文化等，尤其在兩岸政治情勢緊張的氛圍下，保有農業更是國安的重要課題。

第二、喚醒台灣社會重視土地的真正價值。

在資本主義的社會裡，我們往往是用土地的市場價格來等同於土地的價值，但洪箱大姊卻告訴我們，這是不對的，她認為土地是用來生活的，不是用來買賣賺錢的；土地是我們安身立命的家園，也是我們主觀認同的地方，它跟我們有著情感上的緊密連結，土地其實就是生命。因此每當政府進行土地徵收及市地重劃時，往往是以已有金錢補償為由，就來強行剝奪人民的土地所有權，洪箱大姊認為這是不可以的，也違背她長年所倡導的土地正義。

第三、喚醒台灣社會重視社區連結及社會資本。

苗栗灣寶農村座落於國道三號高速公路大山交流道旁，很早之前就被政府、財團及地方政客相中，原本提議是要徵收來開發為科學園區，但經由她的先生張木村大哥及村莊內長輩們的共同努力，好不容易終於把它抵擋下來。但很不幸地，苗栗縣政府劉政鴻前縣長後來卻又提案，要將這一大片優良農地開發成後龍科技園區，灣寶社區內的居民因此再度集結，在陳幸雄理事長、張木村大哥、洪箱大姊、謝修鎰里長等多人的領導下，再度成功將其阻擋了下來。抗爭的過程非常的艱辛，猶記得每當台北有會議，他們一定是多部遊覽車北上，在我的記憶中，至少是北上十四次，社區內民眾團結一致，出錢出力，奮不顧身的參與抗爭活動，這樣的意志力與堅持奮鬥的精神實在是讓人非常的感動，也因此產生了巨大的力量。

第四、喚醒台灣社會要有兼愛天下的格局與抱負。

灣寶在得以不被徵收，可以保留下來之後，洪箱大姊謙虛的認為這是得助於社會的幫忙，因此她不斷地進行回饋，只要她能力所及，全台灣什麼地方發生了土地徵收、市地重劃、都市更新、或非正規住居等迫遷案例，她都會盡可能的前往支援協助，因此，在很多的抗爭場合我們都可以看到她的身影。另外，就連在她重病之際，她還是不斷地支援造橋龍昇村鄉親，最後終於成功的將坤輿掩埋場阻擋下來，她的有情有義實在是讓我們非常的感佩。

洪箱大姊這一道光除了是幫助了許多受害無助朋友們走出了黑暗，相對地，卻也清楚映照出政府及與其聯盟的權貴菁英階級的暗黑一面，讓其骯髒污穢無所遁形。例如，不論是民進黨、國民黨、或是民眾黨主政的直轄市或縣市，都依然是經由空間計畫（如都市計畫與區域計畫）、土地徵收及市地重劃等工具，進行土地掠奪及強制迫遷，他們表面上虛偽的揮舞著促進公共利益的大旗，實質上幹的卻是剝奪人民的財產權、生存權及基本人權，協助土地投機炒作黑心事業。

台灣縱然已經解嚴多年，但若以都市計畫為例，擬訂及變更計畫的權力還是完全掌握在直轄市或縣市首長的手裡，一點也不民主。依照現行《都市計畫法》，地方政府在擬定及變更主要計畫時，是不用對外公開徵詢人民意見的，而是要等到「主要計畫擬定後」才需對外揭露，即所擬定的計畫是在送交審議之前，才須對外公開及舉行說明會。但是屆時由於主要計畫已經擬定完成，致使說明會通常僅是形式上過個水，無法產生實質功效，人民的意見及選擇往往是被忽略。這也就是說，主要計畫的擬定及變更幾乎完全是黑箱作業。

既然擬訂及變更計畫的權力是完全由首長掌握，那麼，審議計畫的權力呢？總該要有權力制衡的平行設計吧？很遺憾地，也是沒有的，審議計畫的權力也都是掌握在直轄市或縣市首長的手上。這是因為依據我國《各級都市計畫委員會組織規程》，委員是由「地方政府首長派聘之」，也就是說，這些委員不論是學者專家或熱心公益人士都是由首長聘任，首長聘誰，誰也就是委員，因此，他們大抵都是首長精挑細選而來，主要是向首長負責，而不是向人民負責；而他們所提出的意見其實也只是供首長參考而已，但是卻往往被誇大為他們是政策的決定者，成為首長卸責的防火牆。

因此，不論是計畫的擬訂、變更、或審議，我國的制度設計都是將權力完全集中在行政機關首長、及與其進行聯盟的權貴菁英階級手上，並完全將人民排除在外。至於《區域計畫法》，管轄更大面積的非都市土地，其不僅也是呈現「權力一元化」的相同制度設計，甚且是有過之而無不及，除非是有極重大爭議事件，否則是甚少能夠翻盤的。至於與這些空間計畫緊密連結的土地徵收制度呢？根據《內政部土地徵收審議小組設置要點》，委員也都是由內政部首長自己來遴聘，權力也是完全集中在首長身上。試問，當政府左手擬訂計畫，右手自己來審議時，會有不通過的道理嗎？而市地重劃大抵也是如此的，政府根本就不尊重人民的意願與選擇。

上述權力一元化及欠缺權力制衡的制度設計為何能夠繼續存在？為什麼可以繼續忽視人民的公民權？其原因之一，乃是因為政府及當權者不斷宣傳「專家主義」，主張由專家來取代政治，在此訴求下，往往是把社會問題扭曲為專業問題，需由專家來予以解決，並由他們來定義何謂公共利益。但是，我們卻發現台灣的這些專家委員會缺乏獨立自主性，因此也無法促進公共利益，反而多變成是在維護少數政治經濟菁英階級的權力，及協助他們累積財富，進行土地投機炒作。前述專家委員會，論其本質其實仍是政治，專家主義乃是社會上層權貴階級的巧妙奪權計畫，其企圖用專業形象來取代民主參與，而這也是掠奪的威權體制得予繼續存續的一個原因。

因此，人民為什麼要不斷的站出來抗爭？又為什麼多集中於土地與人權議題？這是因為台灣的土地制度與政策依舊是還沒有解嚴，它依然是個威權保守、強凌弱的壓迫及掠奪體制，它還是把民主、正義及人權等面向完全排除在決策機制之外，這也使得其公共政策無法獲得正當性及合理性。人民因此被迫走上街頭，透過體制外的行動來保障自己的基本權利，而洪箱大姊就是用性命在保護他們的土地家園及人性尊嚴的那一個人。

透過洪箱大姊的這一道光讓許多受迫害者得以走出黑暗、絕望與迷茫，透過洪箱大姊的這一道光也清楚的映照出現行威權體制的黑暗面，讓它無所遁形。雖然洪箱大姊已經遠行，但我們祈願這一道光永遠不滅，希望她所留下的典範能夠繼續伴隨我們及與台灣同行。我們衷心感謝洪箱大姊的貢獻，也很感謝淑娟有了這麼優質的書寫，讓這一道光得以永恆的照射。

（本文作者為政治大學地政學系兼任特聘教授）

前言

二〇二三年十月二十一日，稍稍擺脫炙熱氣息的初秋時節，苗栗縣後龍鎮灣寶里，即將收割的稻穀隨風搖擺。不同季節來到這裡，都有不同景色，尤其初夏時節，田地裡錯落的西瓜，最能展現灣寶農地的風華。

後龍鎮位於苗栗縣西部沿海，是少數縣內閩南人，多於客家人的鄉鎮，以種西瓜、地瓜聞名。二〇一五年十二月一日，位於後龍鎮的高鐵苗栗站通車，台北到後龍只要四十多分鐘，大幅縮短了城市與鄉村的距離。

從高鐵苗栗站搭車約十五分鐘就進入灣寶里，大片農地隨即在眼前展開，從灣寶里七鄰轉進一條農水路，就是洪箱的家。她家不會上鎖，她不在，就自己打開門坐下來等她。她在，才剛踏進屋前空地，就看到她笑著跟你揮手。

洪箱的好客，以流水席展開，她用親手種的蘿蔔、地瓜、西瓜、稻米，告訴我們，為什麼應該愛惜農地。

「農地會使種遮爾濟物件，是按怎一直欲共伊毀掉？」

於是我們知道，對土地的愛，不需要崇高的理由，只需要味覺。

她不引經據典，而是用平實的語言，告訴我們，農地對農民的意義。

「日本時代阮阿公、阿爸欲食一碗米就足困難，這馬咱已經是民主社會，但是政府的做法，欲愛你的土地，就欲共你徵收。農民的生命來源就是土地，政府官員坐佇辦公室吹冷氣，從來袂了解作穡人，欲挃的是啥物？」

她的語言獨特又有魅力，批評政府直接又深得人心。

「行政院、農委會毋知樣遮是特定農業區嗎？是按怎阮遮的人行兩年外，農委會遮講，遮是特定農業區袂使徵收？阮里長叫農委會愛切腹，農委會是農民的爸母官，毋敢講實在話，你有啥物臉，面對遮的農民、遮的土地？」

在她身上，我們看到勤儉、刻苦、樂觀、善良的台灣精神。而一旦遇到不公不義，又義無反顧站出來捍衛自己的生存權。她在抗爭過程中，更展現無私的精神，拒絕苗栗縣政府用排除她家不必徵收，意圖使她退出抗爭。抗爭成功後，她又走遍台灣各地，聲援其他迫遷戶，把溫暖給予眾人。

她對這些價值觀，深信不疑，而且，力行不懈。

這天，洪箱家門前那塊空地，架起一個大帳篷，四周滿滿的人潮、鮮花，正中央一張她笑容滿面的照片，一如往昔親切問候大家。

人潮散去後，我獨自站在她家旁邊那塊農地前，看著遠方的白雲，聽著空氣中流動的風聲，想著，該把洪箱與土地正義的故事，好好寫下來了。

這本書的主軸，是以洪箱為中心，貫穿全國各地知名的土地徵收事件，這些事件，她全部參與過，給予當事人許多支持、友愛、以及力量。

她不只參與土地徵收事件，也為許多不公義的事挺身而出。她聲援桃園在地環保人士潘忠政，反對政府為了蓋第三天然氣接收站，破壞大潭藻礁。衛福部進口萊克多巴胺美國豬肉，告人權醫師蘇偉碩散播不實訊息。二〇二一年九月二十二日，高雄地檢署傳喚蘇偉碩，洪箱到場聲援他。

「民進黨以前定定講民主，提著政權了後，是按怎對付人民？想欲做啥就做啥，毋免和人民溝通。提毒予咱食，有人講出事實，就欲共伊起訴，這是啥物政府？」她總是能用最中肯的語言，說出許多人的心聲。

她參加秋鬥遊行，帶著蒸熟的地瓜到現場義賣。她獨自發起記者會，為農民的用水權發聲，抗議政府枯旱時，總是犧牲農業用水。因為這些對土地的付出，二〇二二年四月七日，她獲得全國 NGO 團體授與「環保終身成就獎」。

那天致詞時，洪箱說出反對徵收農民的心聲。

「當初阮土地欲予徵收，我有二甲外地，連厝可能有規千萬，徵收了後，一寡錢可能到我死攏會使用著。毋過我干焦會曉作田，逐工閒閒等死，這種人生毋是我欲挃的。而且，恁講的阮攏愛接受，這對阮無公平，所以我抗爭。我真幸運，有足濟人來共阮鬥相共，阮的土地遮會使保留落來。」

這本書記錄的時間，從二〇〇九年洪箱反「後龍科技園區」徵收，到二〇二五年本書出版，總計十六年。洪箱的部分，則到二〇二二年九月「坤輿掩埋場」事件結束為止。書中案例，除了坤輿掩埋場，其餘都是土地徵收事件。

經濟學大師彼德・杜拉克，在他的回憶錄《旁觀者》中說：

社會終究是由許許多多的個人、和他們的故事組成。他們之所以重要，原因在於，他們將社會真相折射或反射出來。

這本書寫的，就是這十六年間，洪箱與書中人物，追求土地正義的故事。有些已經結束、有些持續發展中。從這些故事，我們可以理解，為什麼他們要反對徵收？台灣的徵收制度，又出了什麼問題？未來又該如何改變？

這些案例，依徵收類別分為四部：一般徵收、區段徵收、市地重劃、另類徵收。第一部「一般徵收」，有後龍灣寶、屏東鐵路、南鐵東移三個案例。

一般徵收，是指徵收有明確用途，例如蓋科學園區、滯洪池、開路等等。爭議在於，是否選了合適的地點、以及徵收程序是否合法。

例如後龍科技園區，最終在內政部區委會被駁回，理由就是「區位選擇不適宜」，因為這裡的特定農業區比例很高，很多農民也反對徵收。但並不是所有評估都這麼理性、科學，屏東鐵路、南鐵東移這兩個案例，就看到徵收的公益性、必要性，只由政府片面定義，徵收正當性，受到很大的挑戰。

第二部「區段徵收」，有大埔張藥房、機場捷運Ａ７、社子島三個案例。有別於一般徵收有明確用途，區段徵收卻沒有，只要政府畫一個區域，就會以「整體開發」名義，變更都市計畫，指定以「區段徵收」開發。

被畫進範圍內的土地所有人，除非有特殊情況可以排除，否則一律強迫徵收。徵收後，政府發還四成土地給地主，如果配回土地達不到最小建築面積，就只能拿補償金離開。另外六成土地，三成做公共設施，三成政府拍賣獲利，這種形同搶劫人民土地的制度，被許多學者點名應該廢止。

第三部「市地重劃」，有黎明幼兒園、大寮與大樹、鳳山鐵路四個案例。市地重劃分公辦、自辦兩種，公辦是政府辦理，自辦是依據《獎勵土地所有權人辦理市地重劃辦法》，其中又以自辦重劃爭議最大。

因為，雖名為自辦，但法令卻規定，只要一半地主、擁有土地面積一半以上，政府就會核准重劃，不同意者也要被迫參加。二〇二四年十月十六日，監察院一份報告指出：「名為獎勵人民自辦，實由開發公司主導，自辦已淪為話術，甚至成為財團圈地，掠奪私人財產的工具。」

第四部「另類徵收」，是指非屬於前三類的事件，但同樣面臨失去家園的危機。包括：許素華與賴碧珍、大林蒲遷村、坤輿掩埋場四個案例。

許素華與賴碧珍，是台灣土地制度在政治、社會改變後，造成她們與建商之間的產權爭訟。以現行法律來看，她們的勝算很低，情況最令人同情。而這兩個案例，正可以檢視《兩公約》的適足居住權，在台灣是否獲得保障。

有別於反對徵收，位於高雄小港區的大林蒲居民，卻期待早日遷村。這個因一九七〇年代政府推動十大建設，土地被徵收作工業區，失去土地、海洋、被八百根煙囪包圍的村落，因為二〇一五年前總統蔡英文，提出在這裡蓋循環園區的政見，政府才有遷村想法。但直到今日，遷村依然遙遙無期。

最後一章坤輿掩埋場，是洪箱人生最後的戰役，她對這個案子的付出，最能展現人性的光輝，最後在龍昇村民誓死抗爭下，守護成功。

■

看到這裡，一定有讀者質疑，難道政府為了建設，都不能徵收人民的土地嗎？過程中都沒有地主贊成被徵收嗎？

的確，政府基於公共利益，有時需要徵收人民土地。但公共利益是一個抽象的名詞，必須明確，而且要由多數人參與定義，不是政府片面決定。但實務上，都市計畫在規畫過程不公開，形同黑箱。規畫完成後才舉辦說明會，但到了這個階段，居民表達的意見，通常不被接受，才會引發抗爭。

另外，徵收是一種強制剝奪人民財產的行為，跟《憲法》賦予人民的生存權、工作權、財產權抵觸。因此，政府應窮盡一切努力避免徵收，尋求其他取得土地的方法，包括：優先使用公有地、購買、以地易地等等。

也就是說，徵收必須是「最後不得已的手段」，即使最後不得已要徵收人民土地，也要給予充分補償。不能讓人民因土地徵收失去他的家，或領取的補償金，無法買回相同條件的住家，導致徵收實質上變成掠奪。

至於是否有人民贊成被徵收？當然有，每個人對土地的感情、使用方式不同，應給予不同價值觀的人，有自由選擇處分財產的權利。

這本書的資料蒐集，主要來自我這十六年來，採訪土地徵收事件的報導及手記，寫作本書期間又做了大量訪談，並參考各種相關資料。由於平常有做採訪場記的習慣，留下許多當事人的對話，成為這本書珍貴的素材。

這些對話，為求原音重現，依照當事人使用的語言，忠實記錄下來。書中台灣台語部分，主要參考《教育部台灣台語常用詞辭典》。第一次寫書用這麼大量的台語，對我來說是一件不小的挑戰，在不斷翻查辭典、反覆修改後，漸漸能夠掌握要領，是寫這本書的意外收穫。

另外，這本書的用字非常精簡、句子也很短，我覺得很適合朗讀。

書中使用的機關名稱、個人職稱，除了機關名稱會在第一次出現時，用括號註名最新名稱外，其餘都使用事件當下的名稱及職稱。

洪箱常說自己是一個「庄跤的歐巴桑」，但在很多人心中，她早就像泰戈爾說的，「把自己活成一道光」，是台灣農村最有代表性的人物。

如今，洪箱雖已遠行，但她散發的光，持續普照這片土地、溫暖人心，期待大家能從書中感受到她的風采。並從她身上，看見台灣農村善良、智慧、堅毅、推己及人的特質。而這些，才是台灣真正的價值所在。

英國著名女作家維吉尼亞・吳爾芙，在她的書《自己的房間》中說：

當論述者不動私情，冷靜地據理力爭時，只會專注於論點。讀者也會一心不二，關注論點本身。

我把這段話，當成寫這本書的宗旨。寫土地徵收、環境事件，經常碰觸社會的黑暗面，心情難免跟著起伏。但論述者的責任，是保持冷靜、不動私情，同時避免使用情緒性、或偏見的用詞用字，只專注在論點本身。如此一來，就像吳爾芙說的，讀者才能一心不二，關注論點本身。

對一個記者來說，能得到的最大回報，就是報導當下，就能發揮改變的影響力。但多數情況卻不是這樣，很多努力似乎徒勞無功。

但我依然懷抱樂觀的心情，相信只要繼續寫下去，失敗的結果，能夠拯救未來，或至少不要被忘記。這也是我寫這本書，心中一個小小的願望。

第一部

一般徵收

第一章 後龍灣寶

既然毋甘願就較拍拚咧，會成功袂是咱的命，就算最後土地無法度保留落來，至少我會使共囝孫交代，咱已經拚過矣。

——洪箱

一

第一次遇見洪箱，是二〇〇九年三月九日，在環保署（現為環境部）的環評大會上，「後龍科技園區」是那次會議其中一個案子。當時我在聯合報，除非重大開發案，平常不會去聽環評，這點跟現在很不一樣。不過那天來抗議的人很多，後龍又是我的故鄉，心生好奇就跑到現場去看看。

環評會場中央，有一張橢圓型的大桌子，桌子前方的中間位置是主席，正對面是民眾發言席，兩旁坐著環評委員、開發單位及機關代表。那天，苗栗縣長劉政鴻，代表開發單位坐在現場。

橢圓型桌子後面有三排旁聽席，那天坐滿苗栗縣後龍鎮灣寶里、海寶里的農民，他們的農地在「後龍科技園區」徵收範圍內。縣長跟縣民同場相遇，沒有熱切打招呼，反而冷眼相向，會議室瀰漫一股緊迫的氣息。

以社會運動來說，二〇〇九年是一個很特別的年分，除了後龍科技園區，中科三期、中科四期、國光石化、永揚掩埋場等知名的環境運動，也在那年爆發。當時，這個環評會場，成為主要的抗爭場域。

後龍科技園區，一開始要徵收三百六十二公頃農地，位置在國道三號大山交流道旁約一百公尺的地方，其中特定農業區一百八十六公頃，占五一%。私有地一百八十四公頃，占五〇%，大部分屬於灣寶里、海寶里農民所有。特定農業區、私有地比例都超過一半，成為這個開發案的致命傷。

雖然在農民抗議後，縮小範圍到二百三十五公頃，但特定農業區、私有地比例還是超過三成。而且還被質疑，園區面積縮減三五%，已達到變更十%應重做環評規定。另外在區委會審查時，也被質疑是新案，不應續審。

環評審查分專案小組、大會兩階段，專案小組審查通過的案子，才會進入大會做出結論。之前專案小組已經審查三次、並通過了，但土地要被徵收的農民卻沒來陳情，讓環保署承辦人員感到奇怪，於是環評大會前，主動發函給灣寶里里長謝修鎰。這位承辦人員的一念之間，扭轉了他們的命運。

謝修鎰收到這個通知函，一看不得了，自己的里農地要被徵收，竟然連他都不知道。他立刻找幾位村裡的領頭人物，包括陳幸雄、張木村與洪箱夫婦等人商量，決定環評大會當天，要去表達反對意見。

二

這是灣寶農民第二次面臨徵收。第一次是一九九五年，苗栗縣長何智輝提出

「新竹科學園區四期計畫」，當時劉政鴻是立委，也非常積極爭取。洪箱跟張木村從沒想過這輩子會遇到徵收，看到一甲地徵收價才五百十七萬，到外地去問，至少都要一、二千萬以上，拿到的徵收費，根本買不回土地。這對他們的生活影響太大，別無選擇，決定抗爭。

期間有人透過關係找張木村「商量」，只要他們不說話，就可以拿到三百萬，後來又提高到五百萬，最後張木村跟對方說：「這件代誌你去問薛王（灣寶龍雲宮薛府王爺）。」對方一聽就懂了，遊說不成改成抹黑，但洪箱不以為意，「我袂受著謠言影響，只要我無做的代誌，我攏毋驚別人講。」

抗爭半年後，何智輝將園區改到銅鑼、竹南，就是現在的銅鑼園區、竹南園區。當時地方流傳，因為他不是後龍人，不會積極建設後龍，既然農民反對就換地方設廠。但劉政鴻是後龍人，灣寶農地開發不成，讓他大失所望。

抗爭成功後第一次里長改選，看到現任里長支持劉政鴻，洪箱跟張木村認為，一定要選自己人，對村民比較有保障。張木村是公務員、洪箱是鎮代表，都不適合參選，最後評估謝修鎰很有義氣，決定推他出來選。

不過謝修鎰一再推辭，直到登記最後一天快結束前還不同意，眾人展開勸進攻勢、並保證幫忙到底，他終於點頭，趕上最後一刻登記了。

洪箱說：「伊定定講會使做里長，是遮的人選予伊的，毋是劉政鴻。」如果不是謝修鎰當里長，環評大會的通知函，就可能石沉大海，他們不會去陳情，環評一定會順利通過，接著土地就不明不白被徵收了。

村里長對一個地區土地開發，扮演的關鍵角色，在接下來提到的社子島、大林蒲、坤輿掩埋場、馬頭山掩埋場等事件，都可以看得到。

三

灣寶第一次面臨徵收，主要由張木村主導，二〇〇九年第二次徵收變成洪箱，主要原因是，張木村認為劉政鴻已經當縣長，跟他對抗不會成功。二〇〇八年十月，收到地上物查估通知單時，默默收下沒有告訴洪箱，又擔心以後沒地方住，開始到附近找地，發現周圍土地已經大漲，根本買不起。

現在台積電只要宣布到哪裡設廠，那裡的土地、房價就聞風大漲，其實這種情形早就存在，只是炒作風氣愈來愈盛而已。

張木村左思右想，不知如何是好，壓抑久了，出現輕微的憂鬱症，洪箱看他整天魂不守舍，追問之後，他才拿出那張掛號信遞給洪箱。

「你拍算欲按怎？」洪箱看完後，抬起頭看著張木村說。

「咱無權無勢，袂贏。開遐爾濟精神抗爭，最後若輸，是毋是會使行轉來？」張木村說完，嘆了一口氣。

但洪箱可不想就這樣算了。

想到自己的人生這麼坎坷，她身分證上的生日是民國四十四年四月一日，但實際是哪一天，她也不知道。當年她的阿母為了領農漁會生產津貼，才隨便報個日期。四月一日是愚人節，她常自嘲：「我出世就是一个笑話。」

從小家貧，她國中一年級就休學，後龍工廠少，托朋友介紹，十五歲到桃園做女工。月薪六百元，五百元要寄回家補貼家用。二十四歲跟張木村結婚，開過早餐店、電動玩具店，賣過冰水、檳榔、童裝，工作之餘還要種田。

四個小孩從小就要幫忙農作，二女兒張嘉玲說：「小時候最討厭放假，因為都要去田裡做事。」洪箱的孫子、孫女，三、四歲就要幫忙整田施肥。地瓜出貨時，也跟著大家坐在矮凳上撿選分類，個個從小架勢十足。

夫妻兩人有多節省，洪箱跟我分享過兩件事。有一次她帶我去灣寶一家西餐廳，主餐吃完，喝了一口咖啡、吃了一口草莓蛋糕後，抬起頭說：「少年時真儉，袂來這種所在，想來人生有淡薄仔遺憾。」

另外一件，有一年西瓜豐收，她跟張木村開車去主婦聯盟交貨，回程已過中午，找了一間麵店用餐。張木村去洗手間時，洪箱想到今天工作順利、心情大好，多叫了兩盤小菜。沒想到張木村回到桌前看到小菜，立刻沉下臉，「為啥物欲叫小菜？」洪箱剛剛的興緻，瞬間冷掉大半。

一家人這麼努力打拚，省吃簡用，攢了一點錢就換成土地。洪箱說：「錢馬上就開了，只有土地較實在。」她扳開手指算了起來，「一塊、兩塊、攏總四塊。」這些地是她人生的血汗淚水，她告訴自己：「難道阮出世就註定愛予人欺負？這馬是民主社會，是按怎阮愛予遮的人糟蹋？」

她決定代夫出征，「既然毋甘願就較拍拚咧，會成功抑是咱的命，就算最後土地無法度保留落來，至少我會使共囝孫交代，咱已經拚過矣。」

跟洪箱一樣不甘心的，還有陳幸雄，他已年過七十，人生最後的心願是守著家園，跟妻子過著幸福的晚年，徵收卻打亂他的計畫。收到地上物查估，一個月就暴瘦八公斤，跟洪箱一樣，他決定抗爭到底。

很快地，洪箱、陳幸雄、謝修鎰成立「灣寶愛鄉自救會」，由陳幸雄擔任會長。不過當他們遊說村民一起加入時，大家雖然也不甘心土地被徵收，但又覺得跟劉政鴻對抗不會成功。有人說：「無路用啦，縣政府欲挃的物件，咱哪有辦法共伊抵抗？」還有人搖頭說：「咱無錢無勢，輸人是應該的。」

「莫緊，恁只要徛佇阮後背就會使，有啥物代誌，阮會擔起來。」在洪箱一再保證下，村民終於決定團結再拚一次。

環評大會流程是先由開發單位簡報，接著民眾陳情、行政機關表達意見。如果有縣市長或民代到場，就會禮遇他們先發言。那天在簡報後，劉政鴻說：「灣寶這片農地鹽化、鈣化嚴重，不要說西瓜，連花生、地瓜都種不出來，後龍科技園區開發後，可以讓村民穩定就業……。」

聽到這裡有村民站起來打斷他，「縣長你講白賊，阮佇遮種稻仔、西瓜、番薯，食四、五代人，這敢是假的嗎？」

二〇〇九年五月二十三日，苗栗縣政府在後龍鎮灣寶里北極宮，舉辦「後龍科技園區說明會」，洪箱到場反對：「阮無愛予伊徵收，阮欲繼續作田。」

主席立刻制止，「別這樣，請坐下，等一下會讓你們發言。」被嗆的劉政鴻臉色鐵青，沒有繼續說下去。

接著輪到民眾發言，我在一旁聽了幾位用國語表達，覺得不太順，畢竟不是平常說慣的語言，心想如果他們能用台語，一定可以說得更好。於是走到還在等待發言的洪箱旁邊，蹲下來跟她說：「恁小等會使講台語莫緊。」

「遮會使講台語？」洪箱轉頭看著我。

「會使喔。」我看著她的眼睛點頭。

輪到洪箱時，她在發言席坐下後，果然用台語說：「縣政府欲愛阮的土地，是按怎阮攏毋知？阮無愛予伊徵收，阮欲繼續作田。」聽到洪箱講台語，接下來幾位也都改用台語，聽起來既流暢又生動。

最後決議，「後龍科技園區還有將近五成是私有地，今天很多農民表達不同意被徵收，請苗栗縣政府進一步跟農民溝通，本案退回專案小組重審。」

話說，灣寶抗爭過程有很多好運氣，那時環評審查還會考量土地徵收，現在就不會了，而是限縮在水、電、污染排放等「環境影響」。至於土地徵收，最多只會

「附帶建議」請開發單位跟地主多溝通。

而附帶建議並沒有法律效力，開發單位不遵守，也不會違反環評結論，要不要做，就看開發單位的誠意，而誠意通常靠不住。

二〇〇九年中科四期環評，卡在廢水排放爭議無法通過時，最後附帶建議外海排放才通過。事後國科會並沒有這麼做，當大家質疑它時，國科會就拿出環評結論兩手一攤：「這是附帶建議啊。」

那天環評會還發生一件事，可以看出劉政鴻給部會施加的壓力。

依《農業發展條例》第十條規定，農業用地變更為非農業使用，要先徵得主管機關農委會（現為農業部）同意。因此，後龍科技園區除了要環評，也要在內政部區委會審查地目變更，兩個都通過後，才取得開發的首張門票。

二〇〇八年十二月，內政部區委會第一次審查時，農委會代表提出，灣寶農地屬於「稻米及其他作物的高適宜地區」，基地內雖然有四成農地休耕，但仍有六成維持農作，工業區開發將破壞農業生產環境，「本會原則不同意本案變更，建議苗栗縣政府，遴選其他非特定農業區土地。」

按理說，當農委會表達不同意農地變更，區委會就不必審了，連帶環評也沒有必要繼續審查。但三個月後，環評大會照樣舉行，那天出席的農委會企劃處長廖安定說：「農委會的立場是，好的農地就不應該優先變更，至於後龍科技園區預定地，是不是好的農地，請苗栗縣多跟農民溝通。」

這明顯是受到政治壓力的回答方式，優良農地有明確定義，灣寶農地之所以是特定農業區，是經過農委會以正常程序判定，不存在所謂溝通。

苗栗縣政府則依環評結論，四月六日在後龍鎮公所舉辦「政策說明會」。

五

從後龍火車站出站後，穿過早市，約五分鐘就走到後龍鎮公所，入口處一張桌子上放著一疊宣傳單，標題寫著「後龍科技園區開發計畫政策說明」。內文大意是園區將引進低污染產業，有助於振興地方經濟，並強調這是依《促進產業升級條例》（二〇一〇年五月十二日已廢止）申請的開發案，依這個條例第二十五條，縣政府得依法徵收私有土地。

走上二樓，吵雜聲愈來愈大，前方講台前圍滿人潮，對著台上大喊：「反對！反對！」陳幸雄頭綁白布條，右手拿麥克風，左肩揹擴音喇叭，左手不時激動揮舞，「六十三年農地重劃，農民配合政策，每甲地捐一分六厘，農委會共阮遮畫作特定農業區。九十一年到九十五年，農水路由三米變七米，攏是農民犧牲換來的，農民已經付出真濟，政府無權利隨便徵收。」

苗栗縣政府在現場發問卷調查表，陳幸雄說：「這無路用啦，灣寶里四百外位地主，反對賣地的，已經超過兩百外人，阮遮是特定農業區，農民想欲繼續作田，堅決反對縣政府壓霸消滅農地！」

洪箱接過麥克風，瞪著第一排一位她認識的人，「啥人敢去坐，我若無提椅仔共你抌，你遮試看覓。今仔日是恁愛阮的財產，是恁愛聽阮講話，毋是阮愛聽恁講話。」聽到她這麼說，第一排的人全部跳起來。

她接著說：「苗栗縣政府黑箱作業，環保署已經開三擺環評會阮攏毋知。舊年十二月內政部遮開會，十月就發文予阮欲土地查估，程序完全倒反，這是民主社會，縣政府哪會使遮爾壓霸？」

事後聽洪箱說，村民都很善良、也很害怕，不敢在公開場合罵人，她事先跟大家說：「我先罵，如果我若無予警察掠去，恁遮紲落去罵。如果我罵了予掠去，恁著較細膩咧。」看到洪箱罵完沒事，一個個輪番上陣。

「你按呢做毋驚會么壽？揣一寡少年仔騙阮毋捌字的，看水井、看果樹，閣威脅阮若無同意，未來政府會強制徵收，補償較少。真濟人聽了足驚就簽落去，政府會使用騙的徵收阮的土地嗎？」

「縣長講阮灣寶每公頃趁五、六萬，請問阮四、五代人是按怎活落來的？逐家明明歡喜咧耕作，縣長叫阮賣掉去造橋買，賣一甲，買無一分。」

「灣寶里以前攏是無路用地，九月風透，農地攏是沙，番薯種袂起來，阮挑土轉來攪遮變好地，攏是因為農民勤儉耕作遮有今仔日。」

看到抗議聲不斷，縣府一位代表說：「有沒有反對以外的意見？如果沒有那今天散會。」一場說明會就這樣不歡而散。

那天，已故靜宜大學教授鍾丁茂也在場，他是第一位幫助灣寶的學者，帶學生做田調，還自己作詞作曲寫了《灣寶e水阮尚知》這首歌送給灣寶。

後龍西瓜真好食，頂港有名聲，灣寶西瓜第一名。
後龍風景真優秀，下港有風聲，灣寶風景第一名。

二〇一一年四月十四日，內政部駁回後龍科技園區，三個月後，鍾丁茂在台中病逝。洪箱說：「鍾丁茂定定講，社會運動真少會成功，今仔日阮灣寶土地保留落來，我真安慰會使報答伊的恩情。」

鍾丁茂查覺身體出狀況後，介紹洪箱去找台北大學不動產與城鄉環境學系副教授廖本全，第一次去，廖本全就答應全力協助。有一次內政部區委會開會前幾天，廖本全的母親才剛過世，但他還是到場聲援。他是灣寶這場戰役最重要的支持者，洪箱常說：「廖本全是阮灣寶的恩情人。」

那天現場有很多在地記者，從台北來的只有我，還有公視《我們的島》記者李慧宜、葉鎮中。隔天看新聞，那個驚天動地的抗議場面，彷彿沒發生過，反而劉政鴻的說法，占了大部分版面。

我把當天報導，刊在我成立的《環境報導》部落格，灣寶畫家洪江波說：「你這篇是我看到最真實、最完整的。」這些報導被廣為轉貼，很多人看了才知道，原來當天並不像苗栗縣政府宣稱的好好開會，而且多數人贊成。那是我第一次發現，原來報導寫在部落格有人看。

順帶一提，主流媒體的分線很嚴格，苗栗新聞就由苗栗在地記者處理，除非特別原因，我不能越界採訪。但我在那年三月十二日收到資遣通知，隔天就成為獨立記者，從此自由自在，跑自己喜歡的新聞。

可以說，我的獨立記者生涯，是從灣寶案開始的。

六

土地徵收自救會，從頭到尾齊心合作的案例非常少，反而在開發者刻意分化下，平常和樂相處的鄰居，一夕之間反目成仇。洪箱就常說：「錢較實真厲害。」

灣寶自救會抗爭兩年，自始至終非常團結，怎麼做到的？

「當然有當時仔，意見會無仝款，毋過一定愛有肚量，去聽別人的意見，為公不為私，遮會得著別人的尊重。」洪箱說。

張木村也常跟兒女說：「咱張家攏做一寡無可能的代誌，是按怎咱講的話別人會聽，是按怎攏會成功？是因為，咱攏做著的代誌。」

看到陳幸雄、洪箱這幾個帶頭的人積極抗爭，苗栗縣傳話會把他們的家畫出徵收範圍外，但他們是有智慧的人，不會相信這種個個擊破的手法。

「就算阮兜保留落來，逐家攏搬了了，我有啥物面子閣踮佇遮？最低限度袂使對不起家己的良心。」洪箱說，一開始大家就決定，要退就全退，不然就抗爭到底，這種意志讓灣寶成為最團結的土地抗爭案，至今無人超越。

然而，抗爭付出不少代價。原本苗栗縣文化局每年補助灣寶西瓜節活動，從推動後龍科技園區後就取消了，連同一些鄰里申請的小建設也被停止。甚至洪箱在自己田裡，掛抗議布條，苗栗縣環保局還依《廢棄物清理法》開罰六千元。不過，這些打擊讓村民更加團結，也獲得外界更多聲援。

那時在東海大學社會系，擔任研究助理的王嘉文，第一次從新聞看到灣寶事件，心想：「這種事我怎麼可以不知道？」隔天周六，她從台中開車到龍雲宮，遇到之前在電視上看到、像張木村的男子，跟幾位村民聊得正熱絡。

「我欲揣恁某。」王嘉文說明來意。

「妳是啥人，揣伊欲創啥物？」抗爭期間張木村警戒心比較重，一聽到有人要找洪箱就提高警覺，聊一陣子之後才半信半疑，「我悉妳去。」

王嘉文跟洪箱一見如故，「她很能聊，對人無差別，不會因為對象不同，態度就不同，或跟你熟不熟，講的話不一樣。」王嘉文說，這點從洪箱在臉書跟各種人互動，就可以看出來，「她完全沒有心機。」

王嘉文也觀察到洪箱獨特的語言魅力，「她雖然沒受過很多教育，但會創造一些詞語，讓不同階層的人願意聽她說話。她出現在凱道，學生會圍著她、聽她講話、問她各種問題。常常像在練痟話，卻發人深省。」

七

四月六日後龍政策說明會結束四天後，四月十日，環保署舉行專案小組重審前的研商會議，灣寶農民再度到場表達反對徵收。

這次會議做出兩點結論，請苗栗縣政府繼續跟農民溝通，並說明一定要使用特定農業區的理由。而且必須先取得農委會，同意農地變更文件，才會繼續審查。而苗栗縣政府一直拿不到這個文件，環評到此沒有繼續審下去。

另一方面，苗栗縣政府依據這個結論，安排五月二十三、二十四日，在後龍鎮灣寶里、海寶里、東明里、大山里，以及造橋鄉，舉辦五場說明會。但除了灣寶里、海寶里，其他三場都不在徵收範圍內。

這麼做的用意很明顯，就是擴大意見調查範圍，稀釋灣寶里、海寶里的反對比例。只要同意比例高，苗栗縣政府就可以說多數人贊成、少數人反對。這種操作多數、少數的做法，被廣泛運用在幾乎所有的土地徵收案。

看到五場說明會都在寺廟，洪箱覺得納悶，也很煩惱在廟裡綁白布條，神明會不會不高興？平常在抗爭場合看到的洪箱，都很有力氣，但其實她在抗爭前都很焦慮，壓力大到睡不著，不過她最後總會想到辦法，這次也一樣。

「劉政鴻頭殼真好，毋過伊較衰拄著我。伊會去廟裡開會，就是堵阮毋敢佇遐掛白布條仔，無掛就翕袂著畫面，伊就會使講逐家攏同意。」

第一場說明會在灣寶里的北極宮，這是灣寶的主戰場。那天早上洪箱已經排定要種番薯，稍晚才能到。他請陳幸雄、謝修鎰一早先去跟神明報告，「今仔日一定愛佇遮掛白布條仔，如果有冒犯，實在真失禮，阮嘛是無可奈何。毋過以後土地徵收了後，阮無蹛佇遮，咱廟嘛袂興旺。」

我聽到她轉述的最後一句笑出來，「你閣恐嚇神明哦？」

「無啦，毋敢，毋過這嘛是事實。」洪箱說完哈哈大笑。

果然村民開始綁白布條，寺廟管理人員就出來阻止，陳幸雄跟對方說：「阮已經和帝爺講好矣，祂講會理解。」

平常大家都熟，聽陳幸雄這麼說，管理人員也不好再阻擋。於是寫著「堅決反對科技園區、團結誓死保護鄉土」的白布條，從廟前廣場拉到場內。

那場抗爭還事先演練過，也做好分工，洪箱全家總動員，叫大兒子張書銘拉白布條擋在投影機前，讓投影機無法投影。她還交代一定要錄影、拍照，下次拿到環評會播放，否則開發單位都說溝通良好，農民都贊成。

場內擠得水泄不通。一位老農對副縣長林久翔怒吼：「你是欲共阮活埋、毋是死埋，我的財產毋免別人作主，副縣長你的財產欲予人作主無？」

稍晚洪箱戴著斗笠、打赤腳，像一陣風騎摩托車進廣場，鑰匙還沒拔下就衝進會場，拿起麥克風說：「政府有照顧咱的財產無？我哪攏無感覺？逐家攏真快樂，種西瓜食西瓜、種番薯食番薯。以前政府作農水路，這馬風颱來矣遮會使佇厝，今仔日閣欲共伊破壞，是百姓戇、抑是政府巧？工廠就一定趁錢嗎？無是按怎舊年會發生金融風暴？」

陳幸雄在現場民調，「咱這馬就調查予副縣長看，反對後龍科技園區的舉手？」現場農民全部舉起雙手，對著林久翔大喊：「反對！」

接著廖本全對苗栗縣工商發展處副處長黃智群說：「縣政府有聽到人民的聲音嗎？做事情實在太野蠻了。」黃智群連忙解釋開發沒有時程表，林久翔則說：「大家反對的聲音我聽到了，今天就到這裡為止，散會。」

八

這次說明會，政大地政系教授徐世榮，默默坐在現場，沒有發言。之前他並不認識灣寶任何一位農民，是從新聞得知後龍科技園區開發案，他在說明會前一天，以「哪門子的農村再生，灣寶是國寶」為題投書媒體。

在此之前，徐世榮主要以寫文章實踐社會參與，這個精神是受到他在美國德拉瓦大學（University of Delaware）博士班教授 Robert Warren 影響，這位教授的理論背景，是一九六〇年美國學生運動時代，強調實踐、社會參與，七十多歲了還上街頭。徐世榮說：「我對社會持續關懷，就是受到他的影響。」

這場說明會，是徐世榮第一次走進抗爭現場，開啟他日後一連串對社會意義深遠的行動。他不但是灣寶最重要的支柱之一，而且廣泛參與土地徵收及環境運動，至今依然是全國遭逢土地徵收迫遷戶，最重要的支持者。

他的貢獻是多方面的，其中之一是幫抗爭者取得「話語權」，很多人知道政府說的不對，也知道把不對的事，包裝得頭頭是道，說區段徵收是地主合作開發，說市地重劃的地主是受益人，但就是無法反駁。徐世榮可以幫他們要回話語權，現在迫遷戶對徵收法令朗朗上口，受到他的影響很多。

徐世榮說：「都市計畫的本質就是政治，台灣的都市計畫卻故弄玄虛，弄得很專業、很技術，這樣政府就可以掌握權力。」他跟國內多數地政學者很不一樣，是少數能從公共政策、人權角度，看待都市計畫的學者。

徐世榮大學、研究所都唸政大地政系，一九九五年從美國學成返國，也回到政大地政系教書，二〇二三年退休後還持續兼課。他在地政界的輩分很高，目前中央、地方主管地政的官員，很多都是他的晚輩，他常常動用私人關係幫迫遷戶尋求資源，灣寶案他也拜託過農委會的朋友。

徐世榮說：「不管藍綠白，只要我有任何關係，都要全部用上，『學長特別拜託』這些話都要講出來，重點是保住他們。」

不過徐世榮很謙虛，「不是只有我去幫他們，我從他們身上也學到很多。洪箱那麼愛農業、愛土地，這就對應到學術上說的，對土地的認同，是土地很重要的價值。土地是家園，不是價格，他們都是令我尊敬的前輩。」

他特別欣賞洪箱的表達方式，「我跟她學了好多台語，『逐家來鬥跤手』講得多貼切，講到人家心坎裡。他們也創造很多抗爭名詞，『我要春耕，不要抗爭』，這句講得多好啊，這在社會學叫做，社會資本很雄厚。」

說明會結束後，洪箱邀徐世榮跟他太太到家裡，大家坐在她家門前廣場聊天，陳幸雄說著站起來從口袋掏出一張紙，「恁看，這是徐世榮教授寫的，政大地政系教授，講咱灣寶是國寶。」這張紙就是徐世榮那篇投書。

「你知影徐世榮是啥人無？」洪箱笑著問陳幸雄。

「是啥人？」陳幸雄聽了，睜大眼睛看著洪箱。

「就是坐佇遐的徐教授矣。」洪箱指著一旁微笑的徐世榮。

陳幸雄趕緊上前致意，「徐教授，失敬失敬。」

兩人緊握雙手、相視而笑。坐在一旁的徐太太看到這一幕深受感動。在農民心中，徐世榮跟廖本全，是他們心中的「灣寶之寶」。

五場說明會結束後，六月十八日內政部區委會大會登場，區委會跟環評會一樣有專案小組、大會兩階段，專案小組做出建議，送大會做最後確認。二〇〇八年十二月十三日，小組第一次審查時，農委會代表當場反對農地變更，委員請農委會正式發文，再提大會討論，這天就是排入討論案。

這是灣寶農民第一次參加區委會，六月是西瓜收成的季節，農民放下工作一早搭車到台北市八德路的營建署（現為國土管理署）。會場靠牆的橢圓形長條桌前方有一片空地，他們把十幾顆特選的大西瓜放在空地上，看起來像是一場西瓜評選會，十分有趣，也舒緩了會場中緊張的氣息。

他們在抗爭場合精心準備的農產品，總是讓人印象深刻，西瓜、地瓜、蜜地瓜、粽子、菜頭粿，不只色彩豐富、而且香氣四溢。這些美食讓抗爭場合不那麼悲情，反而有一點歡樂與趣味，成為灣寶抗爭的一個特色。

陳幸雄頭綁白布條，講到激動處滿臉漲紅，「阮縣政府比土匪閣較土匪，九十六年已經將這个案送到行政院，地主竟然到九十七年底遮知樣。九十八年四月初六，佇阮後龍鎮公所辦說明會，縣府用兩份無仝款的公文，一份用密件通知造橋鄉的地主，一份用普通件通知規縣，反對的地主，顛倒無收著。」

他接著說：「五月二十三、二十四，縣府佇咧灣寶里、海寶里、東明里、大山里、造橋鄉辦五場說明會，第一場阮灣寶里，百分之八十的地主反對，為何縣府今仔日講，百分之八十同意、二十反對？有遮爾壓霸嗎？」

在他之後發言的謝修鎰說：「阮縣長散播無較實的資料，講阮的土地生產毋好，其實後龍的土，上適合種西瓜，全國有名。個講九十六年灣寶里一百五十六公頃，總收入四百二十一萬，每公頃遮二萬七。烏白算，應該用實際面積二十五公頃算遮著，事實是，每公頃十六萬八。」

吳櫻男的發言同樣生動有力，「攏是咧騙人，無人像阮縣長遮爾壓霸，你去問佗一个欲？自中華民國猶未來我就蹛遮，雖然只有幾分地，毋過我會使生活，囝兒孫歇睏會轉來看阿公，阮有遮爾衰，叫你縣長救濟無？」

他還指著劉政鴻說：「做人愛有良心，你以前做立委，中科來阮反對、你支持，你自細漢我就熟似，無事揣事共人徵收土地，你按呢敢是人？」

最後洪箱說：「你講阮好就好、講阮歹就歹，若遮爾歹，你是按怎欲輔導阮作有機？永續是啥物？是毋是今仔日做、明仔載共伊毀掉？工業區無一定愛設佇阮灣寶，別人遮爾愛，去別位做，共阮無關係。」

這天來聲援的人相當多，包括立委林淑芬及田秋堇、徐世榮、廖本全、綠黨發言人潘翰聲、主婦聯盟前董事長陳曼麗等人。徐世榮發言的大意是，土地徵收要符合公共利益，而且必須尊重人民的財產權。

廖本全則說，這個案子疑點相當多，這是污染性工業區，不是科技園區。就算是科技園區，也選了不適宜的地點，工業區會讓這個良好的農業生產環境完全消失。最後他要求，應該重視地主反對開發的心聲。

區委會委員、政大地政系教授顏愛靜，針對謝修鎰提到的產值計算差異表示，《農業發展條例》第三條「農業使用」的定義，第十二點是指「依規定辦理休耕、休養而未實際供農作者，視為作農業使用。」也就是說，休耕地不應該算成廢耕地，換言之，她贊同謝修鎰的意見。

最後審查結論「退回專案小組重審」，又回到去年十二月的審查原點。直到一年後的二〇一〇年六月四日，區委會小組才再度審查。

十

這一年他們做了很多調查，最讓洪箱開心的是，張木村終於走出憂鬱，加入抗爭行列。洪箱說，他不做則已，要做就非常認真，很多苗栗縣提供的不實資料，都是他去找出來的。首先，針對苗栗縣政府說「後龍科技園區」已納入重大經濟建設計畫，他們去函行政院詢問，行政院回函說並沒有。

再來，針對苗栗縣政府說八〇%地主同意，張木村拿地籍套繪圖，比對空照圖，查出所有地主姓名及土地面積，挨家挨戶拜訪。不願意蓋章的地主，他們就拜託熟識的人幫忙，最後有七成地主蓋章反對徵收。他們將調查結果影印六份，交給幾個人保管，還交代他們不能放在容易被找到的地方。

另外，針對苗栗縣政府提供的四十二家進駐廠商，他們動員一家家去查，發現有的早就去中國，有的是空頭公司。其中洪箱印象最深刻的，是一家做百葉窗的「方面塑膠工業」，她當後龍鎮代表時，因為這家工廠被檢舉亂倒廢棄物有去看過，早在一九九五年就轉到中國生產了。

這些調查成為二〇一〇年六月四日，區委會專案小組的攻防重點。

這天灣寶農民搭兩部遊覽車到營建署，先在門口舉行記者會，將精心準備的各式灣寶特產放在隊伍前，各地來聲援的朋友拿著布條、手持標語、戴著西瓜圖案的棒球帽，簡潔有力喊出：「我愛西瓜，無愛污染。」

洪箱在苗栗縣政府簡報後第一個發言。她拿著一本地主意願調查清冊說：「阮欲頓遮的印仔，阮村民講毋通傳出去，這是啥物社會？阮講無愛徵收閣驚甲欲死，以前農委會講阮遮是特定農業區，這馬欲共伊毀掉，難道遐的博士攏白癡，只有劉政鴻較厲害嗎？」

陳幸雄說：「行政院有列入重大經建計畫無？好好的三百外公頃農地，欲變作工業區嗎？縣政府實在是可惡。閣來，縣府講百分之八十同意，阮百分之七十地主無同意，已經頓出來矣，縣府嘛愛提供同意的地主名冊。」

當苗栗縣代表說這個要求於法無據時，廖本全反駁：「剛剛苗栗縣政府說要取得地主同意書於法無據，我告訴各位委員，於法有據。《區域計畫法》第十五條之二第一項第五款規定，申請開發案件要取得許可開發，應取得開發地區土地及建築物權利證明文件，請問苗栗縣取得了嗎？」

所謂「土地及建築物權利證明文件」，依照《非都市土地開發審議作業規範》總編第六點附件二，要提出「全部私有土地所有權人的同意書」。

針對這點，區委會委員、政大地政系教授賴宗裕表示，《憲法》保障民眾的生命財產權，所謂八〇％贊成，應該要調查土地關係人才對。他也質疑，苗栗縣說「環評已通過」，但營建署說「環評已退回專案小組」，到底哪個對？

海洋大學河海工程系副教授蕭再安則問，苗栗縣說「本案無可避免使用經辦竣農地重劃之農牧用地」，但所謂「無可避免」，應該經過公正客觀評估，他要求應該把所有可能的區域都選出來，再做區位評選。

委員砲火連連，對苗栗縣政府的回答也很不滿意，本來建議駁回，但經建會（現為國發會）、工業局（現為產發署）支持，改成六個月內補件再審，並要求下次開會，要說明無可避免使用重劃農地的理由，以及八〇%支持的合理性。

廖本全對這個結論感到失望，「所有委員都認為不應該開發，但工業局、經建會卻可以左右委員意見，區委會要如何公正客觀審查？」他還說，這個案子早就超過補正期限，但苗栗縣政府以溝通之名，兩度延緩審議近一年。跟地主溝通無效，就找民代連署，「這是集體掠奪不屬於自己的東西。」

十一

這次審查會五天後，六月九日凌晨三點爆發「大埔事件」（詳見第四章），這件事跟灣寶一樣，也是劉政鴻主導，讓他一夕之間，成為眾矢之的。

苗栗縣政府在二〇〇三年推動「竹科竹南基地暨周邊地區特定區計畫」，二〇〇九年十二月區段徵收發布實施後，仍有居民不同意。苗栗縣政府在二〇一〇年六月九日以整地為名，將怪手開進農地，鏟除即將收割的稻穀，事後引發一連串抗爭，社會一面倒指責劉政鴻，毀壞糧食天理不容。反國民黨的聲浪高漲，大埔事件最後演變成政治事件，間接促成二〇一六年政黨輪替。

六月二十三日大埔居民到總統府、監察院陳情，沒想到五天後，苗栗縣動用更大規模警力繼續整地。兩天後農民再到行政院陳情，許多土地徵收自救會也來聲援，集結力量愈來愈大。其中，由之後擔任民進黨立委的蔡培慧，在二〇〇八年成立的「台灣農村陣線」，成為這一波土地運動主要的支持者。

那次陳情，大埔農民拿著怪手毀田的照片聲淚俱下，來聲援的洪箱說：「這是台灣作穡人的悲哀，農民毋是反對經濟，是反對共田毀掉作工業區，阮

二〇一〇年六月九日爆發「大埔事件」，七月十七日來自全國各地上千位農民夜宿凱道，洪箱（右）、張木村（左）到場聲援。

是擧鋤頭的人，面對的，是一个壓霸的政府。」

半個月後的七月十七日，來自各地上千位農民夜宿凱道，那次集結更多社會團體，灣寶、中科三期后里農民、中科四期相思寮農民、三鶯部落、樂生、土城彈藥庫。還有反國光石化的彰化環盟蔡嘉陽、動物社會研究會執行長朱增宏、前主婦聯盟董事長顏美娟等人。

洪箱帶著一家人站在台上，「看著恁遮的少年人徛出來，我就感覺有希望。」張木村則說：「劉政鴻做立委時，講會聽人民的意見，做縣長了後，後龍科技園區就來矣，一个掛號就欲土地查估，這是毋是賊仔政府？」

第一次主持大型集會的徐世榮說：「土地是我們的，依憲法規定，人民擁有財產權、生存權、工作權。今天站上凱道，是要回憲法給我們的基本權利。不只為農民，也為台灣的糧食、台灣人的公平正義打拚。」

廖本全說：「我覺得農民今天不應該來，是什麼樣的國家、社會，讓你們必須站在這裡？但我又很謝謝你們今天來，所有辛勤工作養育我們的農民，今天來到台北，所有台北人都應該來跟他們道謝。台灣社會的未來在農業，但我們看到政府，正在毀滅我們的未來，你們能接受嗎？」

廖本全每次發言都毫不保留、用盡全力，而且充滿感情、憾動人心。他從不說愛台灣，而是用行動，傳達對社會、國家、人民深深的愛。

入夜的凱道月光明媚，總統府更加金碧輝煌，溫熱的風徐徐吹拂，農民低頭吃了便當，用包包當枕頭，把斗笠蓋在臉上，躺在透著熱氣的地上入睡。

大埔事件像野火燎原，掀起一波反土地徵收運動，對正在進行中的後龍科技園區，也產生直接的影響。

十二

抗爭過程中，洪箱的廣結善緣、親和力，讓她的支持圈不斷擴大，那時沒有LINE電話可打，她一個月電話費就打了上萬元，徐世榮常開玩笑：「洪箱的奪命連環扣又來了。」她也會主動寄資料給審查委員爭取支持，而只要有人在審查會中，傳遞錯誤或不利於他們的訊息，她也會打電話去糾正。

上一場區委會有委員問，為什麼一定要用灣寶這塊優良農地不可？一位經建會官員說，因為苗栗縣內的工業區沒有閒置用地，才需要徵收灣寶農地。洪箱聽了很生氣，回家後請人去查出那位發言者，直接打電話給他。

「你是按怎欲講白賊話？」

「我們經建會的立場，是要幫工商業講話。」

「工業區明明有足濟土地無開發，是按怎欲徵收阮的土地？」

「那些土地都已經出售，政府無權拿來做工業開發……。」

「你講這啥物痟話，難道農地就毋是阮的嗎？」

「……。」

「你後擺若閣講白賊，我無提屎予你食，你遮試看覓。」

下一次區委會審查，那位官員就沒來了，請另一位代表出席。除夕前幾天洪箱再打電話跟他拜年，「歹勢，彼天講話較粗魯，新年快樂。」

她也常打電話給營建署承辦人員打探進度，二〇一〇年七月十八日，她的一通問候電話，意外獲得重大訊息。

「最近有好無，阮的案敢有啥物消息？」

「袂穤，就是一規工較無閒。」

「是啥物代誌咧無閒？」

「劉政鴻欲去見院長（行政院長吳敦義），叫阮準備資料。」

「原來是按呢，辛苦，是佗一工欲去？」

「後日二十。」

「好，多謝多謝。」掛了電話後，洪箱就知道要做什麼了。

七月二十日他們到行政院堵劉政鴻，也許受到三天前農民夜宿凱道引發的社會衝擊，吳敦義跟劉政鴻談完後，指示與會的農委會主委陳武雄、內政部次長林慈玲開記者會說明。

陳武雄說：「特定農業區要優先保護，如果要用，必須提出非用不可的理由，同時要證明不會污染其他農地。但這不是農委會主觀同意或不同意，而是要看是否符合這些要件。」這句話顯然是推託之詞，農委會當然不是主觀同意或不同意，而是客觀上，他就有責任釐清後表示意見。

吳敦義當天稍晚接見農民時，說法就明確多了，「我們會加強保護優良農地，涉及農地變更的開發案，應審慎評估必要性。」幾天後農委會表示，已發函給內政部，基於保護優良農地，原則不同意灣寶農地變更。

這是一個重大轉折，但接下來又沒動靜，為了取得農委會書面確認，張木村去函農委會詢問，十月二十二日收到回文，「本會已函營建署，表達苗栗縣政府應尊重土地所有權人意願，將特定農業區排除。」

「阮提著這張公文歡喜規工。」張木村說：「灣寶一半以上是特定農業區佮重劃區，灣寶農民七成以上反對，照理講應該馬上駁回。」但一直等到年底還沒有任何消息，日子在焦慮不安中，又過了一年。

十三

灣寶抗爭期間小道消息不斷，洪箱經常在半夜接到未顯示號碼的電話，還有傳言，黑道要對付他們幾個頭人。她以前開檳榔攤時，常有人到店裡閒聊，聽到很多誰跟誰怎樣，然後被打之類的傳聞。一傳出黑道找上他們，她立刻去報案，一位調查局人員因此常去看她，兩人變成好朋友，不時交換訊息。

二〇一〇年六月四日，區委會審查決議六個月內補件再審，期限原本到十二月三十日為止，但過了元旦還沒消息。某天這位調查局人員到洪箱家，無意中提到：「聽講縣政府閣再申請延期矣。」洪箱一聽立刻打到營建署，果然縣府在十二月十七日發文營建署，申請再展延三個月。

洪箱決定馬上開記者會抗議。二〇一一年一月五日，連日的冷氣團難得出現空檔，冬季是蘿蔔盛產的季節，洪箱帶了好多蒸熟的蘿蔔糕、蜜地瓜，整個立法院會議室香味四溢，倒像是一場好朋友的聚會。

每次記者會，洪箱帶來的食物，都不是為了展示、或為了給記者拍照，她是真心誠意要給大家吃的。所以她都帶非常多，該切的切好，該蒸的蒸熟，記者會開完，當場打開就可以吃。吃了這些食物，對灣寶農地也有了感情。

「是按怎阮今仔日欲來立法院開記者會，這个案補件的時間已經到期，營建署應該保持立場，袂使閣再延期。」陳幸雄無奈地說。

「苗栗縣和阮無法度溝通，因為阮地主就是無愛，只愛這塊土地。」洪箱指著桌上的美食，「農地會使種遮爾濟物件，是按怎阮遮爾堅持，就是希望後一代，會使食著遮爾好的物件，希望政府聽著阮的心聲，莫閣延期，這對阮來講是一種威脅，來一逝台北開錢閣了時間，希望予阮自由、快樂做農民。」

廖本全說：「苗栗縣政府當然有資格申請展延，但內政部要評估展延的理由是否有必要。過去苗栗縣以同樣理由，展延很多次了，從來不跟地主溝通，再次以溝通為由展延，是不對的，內政部應該拒絕。」

營建署綜計組組長陳繼鳴會後回應，苗栗縣提出的展延理由不符合，元月四日已經回文給他們，要求提供詳細與居民協商文件，如果元月十四日以前沒有提供，或營建署審查後不同意展延，就要立刻再審。

兩個月後的三月十日，區委會專案小組再度審查，已到了決戰時刻，勝負也愈來愈清楚，但事事難料，農民決定積極應戰。

十四

三月十日台北濕冷的雨持續下著，灣寶農民起個大早，八點半到達營建署前，穿著厚重的外套、披著雨衣低著頭陸續下車。洪箱忍不住嘀咕起來，「如果遮的老大人淋雨感冒，轉去閣愛予個囝兒孫罵。」

記者會一開始，潘翰聲帶著大家喊：「我要春耕，不要抗爭。」洪箱拿起一把剛收成的小麥，「我這馬手提的是小麥，以後麵粉毋免進口。」台灣的黃豆、小麥、玉米仰賴進口，洪箱第一次試種小麥，收成就不錯。

「劉政鴻講阮的土地無法度生產，毋過恁看，阮遮的人，攏食甲比別人較大箍。」她蹲下來，拿起一塊蒸熟的地瓜，沾醬油咬一口，「台灣不要窮得只剩下錢，這是番薯，阮自細漢食到大漢，搵鹽、搵豆油、搵糖攏會使食。」

她再拿起一個十圓硬幣，沾醬油也咬一口，「這是錢，搵鹽、搵豆油、搵糖會使食無？」後面聲援的人大聲回應：「不行。」

記者會後進入會場，苗栗縣代表可能察覺情勢有變，態度相當低調，反而農民這邊充滿鬥志，洪箱這天說了好長一段話。

「我感覺百姓足可憐，莫予恁徵收，閣愛揣足濟理由共恁講，我只是一个庄跤的歐巴桑，希望無大，阮規代人就是佇遮生活。劉政鴻今仔日無來，無我就叫伊搵豆油，看錢會使食無，阮種遮爾濟物件，是假的嗎？」

她接著看向苗栗縣代表坐的方向，「恁政府講白賊，攏毋免繳稅金，見笑兩字，我拜託恁寫予阮遮毋捌字的看覓。恁啥物時陣和阮溝通？阮庄跤人若講白賊，塗跤有空就鑽入去。」最後她說：「我就算拚命，嘛欲保護這塊土地，予後一代的人有米通食，台灣是一个寶地，是按怎一直欲共伊毀掉？」

後龍科技園區原本規畫三百六十二公頃，這天修正為二百三十五．五一公頃，減少三五%。區委會委員、政大地政系副教授戴秀雄質疑：「這是新案還是舊案？」賴宗裕進一步說，區位變更後環境衝擊已經不同，應該視同新案處理，當他詢問營建署的意見時，承辦人員也認同。

賴宗裕再問：「你說有七、八成同意，同意書在哪裡？而且是全部的同意書。」苗栗縣代表並未回答。最後決議，針對諸多問題，都沒有正面回答，不再給予補件機會，直接送大會，幾乎可以確定，到時將被駁回。

在另一間會議室等候的農民，六點傳出審查結論時都很振奮，天色已晚，雨還下著，洪箱從車上拿幾盒油飯給台北聲援的朋友，上車前，回頭跟大家揮手告別。大雨中，遊覽車後的紅燈，逐漸消失在台北街頭。

十五

一個月後的四月十四日，舉行區委會大會審查，前一天村裡社區媽媽割了月桃葉包粽子，清晨三點起床蒸熟，用扁擔抬著，搭兩部遊覽車北上。這是婦女送飯到田裡給農人吃的習俗，展現抗爭到底的決心。

他們在門口大喊「後龍科技，到遮為止」後進到會場，陳幸雄首先發言，「我今仔日講的重點，第一、依照吳院長指示，農委會已經表達無同意變更作工業區。第二、愛尊重地主的意願。第三、審查期間，浪費足濟行政資源，愛較緊駁回。現此時是春耕，阮無愛抗爭，來遮是浪費阮農民寶貴的時間。」

張木村說：「這段期間我一再咧想，是啥物款的政府，造成一寡農民，職業毋是作田，是抗爭，愛抗爭，伊遮會使顧伊的財產，安心作穡。」

發言結束後，委員沒有發問，直接進入討論，農民離場換到另一個大會議室等待結果，預期今天會駁回，現場瀰漫歡樂的氣息。

約兩個小時後，營建署長許文龍到會議室說明，「基於特定農業區占有相當比例，農委會明確表達反對變更。而且，很多地主反對徵收，委員討論後認為區位選擇不恰當，不符合《區域計畫法》第十五條之二第一項第一款要件（於國土利用係屬適當而合理者），本案不同意開發。」

他說完後，全場拍手、擁抱歡呼，接著走到門口舉行記者會，陳幸雄相當激動，「阮二年來足辛苦，我這馬強強欲哭出來，我實在真感動，無法度形容，希望台灣其他土地，會使親像阮仝款保留落來，逐家愛共同拍拚。」

擺脫土地徵收的紛擾，陳幸雄快快樂樂回到種田的美好日常，下一次在台北街頭看到他，是二〇二〇年十一月四日，參加洪箱在行政院發起的「缺水是天災，停灌是人禍」記者會。那年百年大旱，經濟部、農業部突然在十月宣布桃竹苗一・九萬公頃農田停灌，即將收割的稻穀毀於一旦。

二〇二三年二月疫情期間，陳幸雄在田裡工作時，不幸身亡，守住他心愛的土地，直到最後。他愛鄉愛土的情懷，永遠守護著灣寶這片美麗的土地。

廖本全難得在這樣的場合笑了，他先閉著眼睛，深呼吸一口氣，然後慢慢張開眼睛，「我們這個案子所有的掌聲，都應該給天、給地、給大家。」

接著他向全場一鞠躬，「我常常在上課時跟學生說，台灣社會政治力量、經濟力量合流，無所不能的時候，唯有社會力量覺醒，才能扭轉一切。」

停頓兩秒後接著說：「但我的學生挑戰我，老師，你要證明給我們看啊。我從來都沒辦法證明，今天各位證明了，謝謝讓我的課，可以上下去。」

洪箱哭著感謝大家的幫忙，兩個兒子站在她左右兩邊，各在她的臉頰上深深一吻，此時此刻，她是全世界最幸福的人。最後上車的張木村拿著擴音器，踏上遊覽車階梯，回頭對著大家說：「逐家灣寶再見。」

從二〇〇九年三月九日，第一次到台北參加環評會，到二〇一一年四月十四日內政部駁回，兩年期間，灣寶農民憑著非凡的勇氣、行動力，保留下自己的土地。

那年四月，也是公民運動發光發熱的四月，除了「後龍科技園區」被駁回，台南東山嶺南村民反「永揚掩埋場」十年，也在灣寶案駁回隔天的四月十二日，在台南市環評大會廢止環評結論，抗爭成功。

另外，國光石化開發案在四月二十二日地球日，馬英九總統回應民意，宣布：「不會支持國光石化在彰化設廠」，同時開啟台灣細懸浮微粒PM2.5管制。這三個成功案例都已成經典，對日後公民運動深具啟發。

如今，陳幸雄、張木村、洪箱雖已離世，但曾經轟轟烈烈的那場戰役，不曾被遺忘。然而，就在洪箱過世一年後的二〇二四年十月，傳出行政院核定將原「後龍科技園區」預定地，列入「桃竹苗大矽谷計畫」候選用地。

於是，這片承載著許多美好記憶的農地，再度面臨徵收威脅，也在許多人心中，留下一片抹不去的陰影。

結語

對苗栗縣政府來說，「後龍科技園區」之所以失敗，主要原因是區位選擇不恰當。這裡是特定農業區，依《農業發展條例》第十條規定，要先徵得農委會同意。然而，苗栗縣政府把這個「技術問題」，當成「政治問題」，以為只要向農委會施壓，就可以迫使其同意農地變更，但最後卻失敗。

而灣寶農民之所以抗爭成功，主要原因是團結一致。另外，他們的調查做得很確實，一一反駁苗栗縣政府的不實訊息。加上主動出擊、行動快速，過程中廣結善緣，獲得廣大的支持，是土地抗爭的最佳典範。

第二章 屏東鐵路

我們灰塵吃得飽飽的，土地給財團吃得肥滋滋，這樣對嗎？留一點地給我們安居樂業不行嗎？

——林寶戀

一

台鐵屏東到潮洲站高架化後，屏東縣政府以「配合屏北鐵路高架化計畫」為由，變更屏東都市計畫，分為第一階段、第二階段。目的是把舊鐵路用地包括倉庫、月台、洗車間的六・二一公頃土地，變更為商業及住宅用地。為了符合建蔽率，要徵收舊鐵路用地四個角落民宅，拓寬馬路。

公勇路從八米拓寬到十二米，光復路從十三米拓寬到十八米，柳州街與建民路，從八米拓寬到十二米。總計徵收五十六戶民宅，面積〇・八公頃。

徐世榮認為，這個計畫涉及以下兩點違法。

一、國有地只有依《都市更新條例》第四十六條，參與都市更新計畫可以移轉，但台鐵在二〇一六年移轉土地時，並沒有都市更新計畫。

二、依《都市計畫法》第四十二條，政府需要公共設施用地時，應優先使用公有地。但台鐵跟屏東縣政府，聯手把公有地變商業區，然後徵收民宅拓寬道路，他痛批這兩個單位「自私、自利、自肥」。

二〇二二年五月《鐵路法》修正，新增第二十一之一條，更幫台鐵經管土地開發全面解套。台鐵只要報主管機關核准，經管的國有不動產就可以開發，不受《國有財產法》第二十八條限制。（主管機關或管理機關，對於公用財產不得為任何處分或擅為收益。）如果這項開發跟都市計畫變更有關，還可依《都市計畫法》第二十七條迅行變更，更助長鐵路沿線大規模迫遷。

二

二〇一五年八月二十三日，屏東車站高架化啟用，三年後的二〇一八年七月十六日，屏東縣政府突襲公勇路，強拆不同意戶。

那天凌晨五點，在光復路開登山用品店的林寶戀，正要外出時，隔壁麵粉店老闆陳麗玥，匆忙跑過來告訴她：「公勇路已經被圍起來了。」

林寶戀一聽，取消行

屏東縣政府為了開發台鐵舊鐵路用地，強拆民宅拓寬馬路。二〇一八年七月二十五日，居民拿著「民主進步搞迫遷」布條，到台北民進黨黨部抗議。

程，立刻騎機車到現場，遇到一位縣政府官員，大聲問他：「怎麼可以隨便一個名義就強拆民宅？」

那位官員說：「我們有事先公告。」

林寶戀拿出那張七月十三日的公告，「你看清楚，這張是寫公勇路部分路段，配合施工道路封閉。」官員看了一下，不回話、也不再理她。

正在抗爭「鳳山八十五期市地重劃」的詹雅琴（詳見第九章），聽到消息後，要女兒陳美孜從鳳山趕到現場。另外，正在抗爭「台中黎明單元二」自辦重劃的黎明幼兒園園長林金連（詳見第七章），也從台中趕來。

林金連回憶當時情形，「第一次看到這麼離譜的，強拆民宅都是由法院執行，這次是假藉拓寬工程，消防車、救護車、乙炔車、警察都來了，先把不同意戶斷電，再恐嚇簽同意書，真的是比強盜土匪，還強盜土匪。」

對抗不了屏東縣政府強拆，七月二十五日，公勇路多位居民到台北民進黨部陳情，希望黨中央制裁屏東縣長潘孟安。但警察在大樓廣場布滿鐵籠，把抗議人民跟記者，趕到側門的狹小空間。

當天，陳美孜跟父親陳文華也來聲援，同一時間，蔡英文總統正在協助大埔張藥房重建（詳見第四章），陳美孜對著總部大喊：「蔡總統，您說大埔重建是土地正義的開始，我們其他人的土地正義在哪裡？」

住在公勇路的陳先生，說起當天強拆的情形還心有餘悸，「透早五點二十分，我聽著聲音爬起來，看著規排的警察、怪手。我衝出來共處長講，公務人員八點遮上班，這馬五點恁是咧創啥物？伊講今仔日怪手、警察、衛生局、救護車攏駛來矣，無做了袂使收工。」

陳先生說：「處長閣問我，恁欲簽無？欲簽的話，三天予恁捆行李。我講三天哪有可能，後來個開會半點鐘，轉來答應予阮二禮拜。講實在的，阮是真弱勢的老百姓，馬知樣欲共伊拚，拚袂過。最後，阮三聲無奈就簽落去，記者問我的時陣，我一个男子漢，目屎攏流落來……。」

那張同意書的內容是：「因屏東市公勇路拓寬工程用地徵收需要，同意配合自動拆遷獎勵金要件，自本日起二週內，無條件進行搬遷完成。」

當天除了八十二歲的沈同益，其他住戶都簽了這張同意書。他很生氣一定要來民進黨部抗議，「阮厝曷毋是偷來的，當初時作工，儉錢毋甘食，拍拚遮買這間厝，攏六、七十年矣，講這馬莫予我蹛，我是按怎欲簽？」

當天，屏東縣議員蔣月惠到場聲援時，跟警察發生爭執，情急之下咬一位女警手臂，隨後「咬警事件」成為矚目焦點。一開始輿論指責、嘲諷她，後來一位屏東在地記者寫出她參選議員的義行，之後輿論大逆轉。

陳先生說：「阮遮的議員攏莫采阮，只有伊毋知死活挺阮，阮買花佮果子去共伊慰問，二、三十个人場面足溫馨，記者嘛去真濟，結果報紙、電視有規台報？攏予縣政府買收去矣，我這馬對媒體攏莫閣再講話。」

新聞帶起的關注熱潮，曾給過居民短暫希望，但隨著新聞冷卻之後，屏東縣政府的拆除行動更快速。抗爭的日子讓人心累，公勇路上原本拒簽同意書的居民，在抗爭得不到回應下，半年後也陸續妥協，回歸平靜生活。

光復路、柳州街的住戶，跟公勇路的居民一樣，都是早期從各地到屏東火車站周邊討生活的人。鐵路運送貨物到站時，他們用人力搬、用牛車載，送到倉庫或其他指定地點，論件計酬，當地人稱他們「牛車掛」。

林寶戀說：「我先生開三輪車搬貨力大無窮，身體就是我們的本錢，我們很幸運身體很好，什麼都可以做，勇氣就是氧氣。」

有一點積蓄後，就在火車站附近買屋落腳，王新丁開機車行、陳麗玥繼承父母的麵粉店、林寶戀開登山用品店。其他還有涼水鋪、刻印店，大家都賺著五角一元的辛苦錢，但能有一個遮風避雨的地方，就知足了。

土地徵收是不得已的手段，政府應窮盡一切努力避免徵收，如果為了開發商場，真的需要拓寬道路，應該從台鐵自己的六甲二土地中挪出，或用其他等面積的土地跟人民交換，而不是輕易就徵收人民土地。

林寶戀說：「台鐵舊鐵路用地有六甲二，四個角落民宅只有〇・八公頃，鐵路局的地是中華民國的，賣不夠，還要吃我們的土地，增加到七甲。」她跟陳麗玥、王新丁，不滿政府強奪人民土地，決定抗爭到底。

坐在「山之戀登山休閒精品店」櫃台後方，林寶戀說起來到這裡的過往。「我是屏東人，在這裡出生長大，我很喜歡這塊土地。」談到自己的故鄉，她就像自己的名字一樣，有著深深的依戀。

早年她從屏東到高雄讀高工，一九七三年畢業後，在一家鋼鐵公司化驗室工作。那時台灣經濟起飛，拚命加班也趕不上訂單成長，到後來累到走不動。有一天主管對她說：「寶戀，毋通一直加班啦，無生命就無錢趁。」

「林桑，我這種身體欲按怎運動？我攏行袂去。」林寶戀無奈地說。

「你今仔日行一步、明仔載兩步、後日三步，慢慢就會使行囉。」

林寶戀聽他的話開始爬山，還成為專業登山者，結合專長與興趣，在屏東火車站附近租屋，開登山用品店，就這樣認識同為登山友的先生韓福文。一九八三年兩人結婚後，將店遷到光復路韓福文家現址。

夫妻兩人平日帶山友登山，爬過台灣百岳無數次，曾經幫忙呼叫海鷗直升機，帶山友平安下山。韓福文還曾遠征非洲吉利馬札羅山、日本富士山，登山讓他們的生命多采多姿。

林寶戀發現，平常他們帶團的登山友，都是有錢人，社區卻有很多窮苦人家，雖說一人一命，但際遇也太過懸殊，這讓他們下定決心幫助弱勢居民。一九八七年加入慈濟當志工，韓福文做回收，林寶戀做家訪。

九二一大地震時，韓福文跟慈濟志工進入南投中寮救災，長達一星期。而且他從年輕起，每兩周捐一次血小板到六十五歲，規定不能再捐為止。只要捐血站打電話來，他就立刻放下工作趕去，山友都笑他，一定是護理師對他很親切。家裡擺放許多捐血獲得的獎品、獎狀，還領到紀念金幣。

二〇二四年二月，韓福文不幸車禍往生，林寶戀代他決定，捐出眼角膜遺愛人間。這讓她更加體悟到，不論家人或朋友，都要陪伴，惜福惜緣。

四

林寶戀現在的店兼住家，是一九六九年蓋的，本來有三十五坪，一九九二年政府徵收一半拓寬道路。剩下的十七坪，如今又要被徵收十四坪、剩三坪，土地加房屋的徵收補償費，才四百八十萬元。地價高漲，她沒辦法拿這筆錢，在附近買到相同坪數的房子開店。

她不解，「都市計畫說要拓寬到十八米，我家現在光復路就有二十五米，政府應該先把過去徵收的地還我才對。」

縣政府拆她家的理由是妨礙交通，林寶戀說：「火車站從二〇一〇年到二〇一五年施工期間，大卡車都從我家門口轉進柳州街，從來沒卡住過。車子開過的揚塵很大，現在說我們妨礙交通。我們灰塵吃得飽飽的，土地給財團吃得肥滋滋，這樣對嗎？留一點地給我們安居樂業不行嗎？」

林寶戀家對面是王新丁的「新鴻車業」機車行，他已經七十多歲，從事機車修理業超過半世紀，撐著兩支拐杖走路，跟兒子一起經營機車行。二〇二二年三月，在立委陳椒華的記者會中，還沒說話就哽咽了。

「你予阮三代六个人犧牲，都市計畫阮事先攏毋知，欲拆時遮來共阮講，去立法院、總統府、行政院陳情，攏無辦法，百姓是欲按怎？」

人民就是因為在地方上受委曲，才會到總統府、行政院陳情，期待府院幫人民主持公道。但總統府、行政院收下陳情書後，一轉身又交給那個讓陳情人民受委曲的地方政府處理，難怪十之八九的陳情都沒有用。

王新丁的店徵收後剩三坪，拿到的補償金，同樣沒辦法在附近買店開業。陳麗玥的麵粉店二十八坪，徵收八坪後，剩二十坪，也很難再營業。而且她認為，一定還有二次徵收。她單身，只能靠自己，不能沒有這間麵粉店。

「我們去屏東縣政府陳情，他們說這是內政部土地徵收小組的事。我們去表達意見，去了六個人，每人發言一分鐘。出來後，還沒走到車站，就通過了。」陳麗玥說起那次，遠從屏東到台北內政部陳情的經過。

那天非常冷，他們六個人從屏東火車站搭火車，到新左營站，換高鐵到台北站，再搭捷運淡水線到台大醫院站，出站後，走路到徐州路的內政部。千里迢迢而來，卻只能說一分鐘，而且，說的話完全不被當一回事。

陳麗玥說：「我們都說不同意了，委員都不用到當地看看，就能審嗎？政府為了商業利益，犧牲我們弱勢百姓，良心過得去嗎？」

五

二〇二二年四月十九日，光復路及柳州街道路拆除工程招標，林寶戀、陳麗玥、土地正義行動聯盟理事長李蔚慈等人，到屏東縣政府抗議。看到大批警察把她們圍住，林寶戀激動怒吼：「王新丁在光復路三角窗開一家機車行，一家三代靠那個機車行生活，縣政府要把它徵收。我反對，反對也沒用，都市要發展，為什麼要拿百姓的財產？一個三角窗的房子四百多萬，可以買什麼？」

陳麗玥接著說：「拆公勇路時潘縣長說，住戶不同意他就不拆，這是誠信。一直說交通流量的問題，但高架橋完成了，我們那邊哪會阻塞？交通部也答應重新測量流量問題，都還沒測量，為什麼急著招標？」

李蔚慈坐在地上，堅持潘孟安出來說明，但警察舉起「警告行為違法」牌子，要他們離開。她聲撕力竭大喊：「台鐵變賣國土圖利財團，要犧牲人民的土地去建造道路，要求立即停止招標工程，否則絕不罷休。」

林寶戀往前衝撞，「我們的訴求是廢止徵收，為什麼我們的土地要給你？你告訴我，你告訴我，我的土地不能給你們啦，我門前就二十五米，你只要十八米，太可惡了。」當天雖然取消招標，但一周後，還是完成了。

什麼是人權？陳麗玥在滂沱大雨中，站在監察院前說了以下這段話：

「我已經六十多歲，父母過世，沒有小孩，單身一個，失去那間雜糧店，以後生活怎麼辦？而且有那間店，我才有生存活力，那是我們辛苦賺來的，年輕時付出勞力、貢獻國家，老了，要逼我們走向不歸路嗎？」

二〇二四年總統大選後，各地土地徵收又動了起來。屏東火車站這九戶在抗爭多年後，他們的家，已經被縣政府登記為道路用地，補償金也已提存。林寶戀、陳麗玥決定，在命運揭曉之前，要竭盡所能持續抗爭下去。

結語

台鐵跟屏東縣政府要將鐵路用地，變更為商業及住宅用地，並沒有問題。但如果需要拓寬馬路，應該從經管的六・二公頃土地中挪出來，而不是另外徵收四個角落民宅，這明顯違反土地徵收的公益性、必要性。

另外，內政部土地徵收小組，應該盡到責任，審查徵收必要性。而且面對從屏東遠道而來的居民，應該有同理心，給他們足夠時間發言，並質疑台鐵及屏東縣政府徵收的合理性，但卻草率通過，完全失去審查的公信力。

第三章
南鐵東移

如果真的有公益性，我整間房子奉獻沒問題，但如果不公不義，為什麼我要縱容政府做壞事？

——黃春香

一

洪箱在灣寶抗爭成功後，四處聲援土地正義行動，其中投注最多心力的事件有三個：台南鐵路地下化、大埔張藥房、坤輿掩埋場。其中，又以南鐵案抗爭時間最長，從二〇一二年八月十七日，居民收到都市計畫公展說明會通知，到二〇二〇年十月十三日陳家被強拆，九年期間她全程參與。（南鐵抗爭在二〇二一年八月二十日，拆除黃春香家後落幕，長達十年。）

陳家被強拆那天，兩位老人家陳割、陳蔡信美含淚搭車離去前，陪在他們身邊的，就是洪箱和機場捷運A7站的徐玉紅（詳見第五章）。在這場以陳家小兒子陳致曉主導的抗爭行動中，洪箱用她的溫暖，默默陪伴與守護。

二〇二〇年七月二十三日，南鐵陳家第一次面臨強拆，洪箱（後排右一）陪在陳割（左二）、陳蔡信美（右二）身邊，左一是陳致曉。當天強拆行動取消。

南鐵案之所以具有指標性，主要原因是，主導這場徵收的是賴清德，過程中，他從台南市長、行政院長、晉升到副總統。二〇二三年總統大選前夕，他的萬里老家違建爭議，也被拿來跟強拆南鐵陳家、黃家成為鮮明對比。

就因為是賴清德，南鐵抗爭可以說一開始就沒有勝算。即便由陳致曉、徐世榮、大地工程師王偉民組成的團隊，提出「不需要東移，也能完成鐵路地下化」的科學論證，但就像徐世榮說的，土地徵收不是科學、而是政治。在政治之前，專業只能低頭，何況還有更多擁有專業的人，願意跟著起舞。

另外，由於南鐵案發展的時間很長，自救會跟台南市政府、交通部、內政部，交鋒的過程非常完整，對於想研究本世紀前二十年，台灣土地徵收事件的人來說，南鐵東移案，無疑是最具代表性的案例之一。

二

前台灣省政府為了整合台南市交通，提出鐵路地下化工程，一九九三年十月三十日，行政院公共建設督導會報第三十五次會議，原則同意辦理。接著台灣省政府在一九九五年，完成綜合規畫報告。一九九六年八月十二日，台灣省政府環保處，審查通過環境影響評估。

不過，因為地方配合款分攤原則沒談妥，這項計畫沒有繼續推動。直到十二年後的二〇〇七年四月二十六日，行政院長蘇貞昌視察台南交通建設時，同意為了減少地方負擔，由中央出八七・五%、台南市政府出一二・五%，這項鐵路地下化工程，才出現轉機。

隨後，交通部鐵工局（現為鐵道局）修正計畫，並送環保署環評差異分析審查通過。二〇〇九年八月十日，再經行政院經建會審查後，行政院長劉兆玄，在他卸任前一天的二〇〇九年九月九日核定。

一九九六年八月十二日環評通過的版本、跟二〇〇九年九月九日行政院核定的版本，最主要的差異，是從「臨時軌版」改成「東移版」。（台南市政府及交通部稱「東移版」為「核定版」。）

所謂「臨時軌版」，是將地下鐵軌，做在原有的地面鐵軌下方，施工期間為了讓火車正常通行，徵用東側民宅部分土地做臨時軌。地下鐵軌完工後，拆除臨時軌，把徵用的土地還給居民重建。

「東移版（核定版）」則是，將地下軌永久移到東側民宅的位置，這麼一來，沿線三百多戶民宅，就從原本只需要「徵用」變成「徵收」，失去他們的家。這讓鐵路沿線居民感到錯愕，回想二〇一〇年他們把票投給賴清德，擁護他成為改制後第一任台南市長，不到兩年，他們就被自己選出來的人拋棄。

這就是民主的弔詭，人民只有在選舉那天，才是「主人」，選舉結束後，命運就掌握在那人手裡，變成「奴隸」。

最後核定的路線，從台南市大橋車站南端，到大林路平交道以南，全長八・二三公里。途經長榮路地下道、開元路橋、台南火車站、青年路平交道、林森路地下道（新設一座林森站）、生產路（新設一座南台南站）。

鐵工局強調，工程沿線將消除九個平交道、八個地下道、二個鐵路橋涵、三個路橋。除了可以改善交通瓶頸及行車安全，還可以消除鐵路沿線兩側地區的發展阻礙。這個說法也印證了，鐵路地下化結合了周邊開發。

賴清德之所以強調，南鐵案從來沒有東移，指的是二〇〇九年九月九日，行政院核定的方案是「在既有鐵路東側施工」。但並不能否認，一九九三年行政院曾通過「臨時軌版」，且在之後通過環評，雖然最後沒有核定，但證實不論臨時軌版、東移版（核定版），都是鐵路地下化可行的方案。

而事實上，經行政院核定的案子，如果日後計畫變更，再次核定，也是常有的事。同樣地，只要賴清德同意，請行政院再次核定，並非不可能。

關於這點，交通部跟台南市政府都沒有否認，不過他們強調，公共工程會從各種方案中選擇最好的一個。但何者為優則見仁見智，日後自救會由王偉民協助提出的版本，與交通部及台南市政府的辯論中，不論從工期、工法、經費等各個工程面向分析，雙方都認為自己的方案最好。

以下是雙方的辯論焦點。

一、拆除面積

交通部：「臨時軌版」要在現有軌道東側佈設臨時軌，居民出入巷道會消失，必須在臨時軌東側沿線佈設二・五公里長、六公尺寬的平行巷道，需要擴大拆遷範圍。「核定版（東移版）」的拆遷面積較少。

自救會：「東移版（核定版）」用地三十一・三公尺，「臨時軌版」用地二十三・五二公尺，中間差七・七八公尺，足以設六米道路。而且半拆房屋東側，原本就有三・五公尺巷道，符合消防通道三・五公尺的規定。

只要秉持三個原則：永久軌置於現有軌下方、永久軌西側與現有軌西側對齊、以徵用方式取得臨時軌用地，西側房屋並不需要拆遷。反觀「東移版（核定版）」，土地徵收面積更大，從〇・二三公頃，擴大到五・一四公頃。

二、切換軌道次數

交通部：「臨時軌版」軌道要切換三次，施工至少七年以上，且增加施工風險。「核定版（東移版）」只需要切換一次，省工期。

自救會：鐵軌切換是非常基本、且常見的鐵道工程，鐵工局出版的《極限切換》書中提到，曾在十個月內，完成十五次鐵道切換，不會影響工期。而且鐵軌切換以百分之百安全為前提，並不會增加施工風險。

三、交通影響

交通部：「臨時軌版」要增加三個臨時平交道，擴建一個臨時台南車站，「核定版（東移版）」無需增設臨時設施。另外「臨時軌版」使民族路的地下道限高，從四．五公尺降到三．五公尺，僅容小型車通過。

自救會：「臨時軌版」包括小東路地下道、東門路橋、中華東路路橋都不需要增設臨時平交道。而且，民族路地下道限高是降到四．二七公尺，不是三．五公尺。除了超大型聯結車，實測九九%的車輛都可以通過，而超大型車輛周邊有其他道路可行，「臨時軌版」對交通影響有限。

四、台南車站古蹟保存

交通部：「臨時軌版」要增設臨時車站，且新設永久地下車站開挖區，與古蹟車站距離只有三公尺，無法確保古蹟安全。「核定版（東移版）」直接新設車站，因距離古蹟車站二十公尺，影響極微。

自救會：「臨時軌版」的古蹟保護方案無比堅強，不會影響古蹟。

五、綜合考量

交通部：綜合評估用地取得面積、建物拆遷面積、古蹟保護、交通維持、施工風險、時程等，「核定版（東移版）」都優於「臨時軌版」。

自救會：「臨時軌版」各項都遠勝於「東移版（核定版）」。而且徵用土地只要二年十個月就可以還給人民，「東移版（核定版）」的土地徵收不合法。

工程方法的選擇，直接影響到徵收與否，而政府要用公權力強制剝奪人民財產，考量的不應該只是技術，而是人民的最大利益。

以南鐵案來說，如果有一個不必徵收，也可以實現鐵路地下化的方案，即便工程並非最好，也應該站在人民立場，選擇不必徵收的方案。何況「臨時軌版」在技術上，不一定比「東移版（核定版）」差。

政大地政系副教授戴秀雄，針對南鐵案受訪時表示，政府施政要在公益、私益之間做一個權衡，省錢、經費自償，絕對不構成公共利益。他強調：「公共利益要明確，不能抽象，除非天文數字，不然省錢的公共利益何在？不能為此犧牲這麼多人，因為徵收是一件應該盡量避免的事情。」

但政府在選擇方案時，可能還有其他想法。

二〇〇九年八月十九日，經建會主委陳添枝，給行政院秘書長的一份函文指出，「為顧及本案與周圍整體規畫開發，以土地開發利益回饋軌道運輸建設，提高本案自償率，應將土地開發機制、與軌道運輸建設整合一併推動，使周邊的都市開發，與立體化工程能同時完成。」

日後，台南市政府以配合鐵路地下化為由，提出六項都市計畫變更，當被質疑是為了土地開發利益時，台南市政府回應，未來鐵路地下化後，上方土地連同既有鐵軌覆土後，將做道路及公園使用，沒有一吋土地會移作開發。

戴秀雄強調：「如果這裡要做公園，有沒有急迫到要徵收人家的土地去做公園？如果不是對覆土後的土地有新的想法，根本不需要徵收土地，可以還給居民，頂多上面不能蓋房子，大家很高興有院子。」

關於這點，只能留待日後驗證。

以上雙方的工程辯論，在九年內的多個場合不斷出現，面對擁有行政權的政府，自救會這邊節節敗退，居民的處境讓人十分同情。

三

從台南火車站前站左轉，沿著北門路走十多分鐘，就會到青年路口，再左轉往前幾步是平交道，再往前，隔著巷道，是一整排房屋的後門。前門是二二五巷，巷內第二棟的兩層樓小洋房，是陳割、陳蔡信美的家。

一九三二年出生的陳蔡信美，從台南師專畢業後，在忠義國小任教，五個小孩陸續出生後，成為家庭主婦。她的生活圍繞在走路可及的範圍，青年路上創立超過百年的東市場，是她買菜的地方，搬家後，還是常常回到這裡，她喜歡熟悉的幾個攤商。她最愛的麵包店，是台南火車站後站對面，大遠百地下二樓的山崎麵包，直到現在，冰箱冷凍庫經常凍著二、三條原味土司。

一九二九年出生的陳割，從成功大學土木系畢業後，在孔廟對面的嘉南農田水利會工作直到退休。陳致曉以「一流人物」形容父親，「任職水利會時，有人邀他從政，他拒絕。又有國外高薪邀約，他也拒絕。他這輩子一直在水利會貢獻專業，住在和母親打造的房子，全家和樂生活，是他在乎的全部。」

民國六十多年，他們在這塊四十五坪的土地上蓋房子時，不辭辛勞到各地找適合的材料，親自監工。陳蔡信美嚮往《亂世佳人》電影中，女主角費雯麗的迴轉樓梯，自己看書、設計，多次不滿意打掉重做，終於也擁有一個。

三女兒陳文瑾回憶小時候對家的印象，「我們家在那時候，算是很漂亮的房子，朋友到附近都想進去看看。」她在台北唸完大學後在YAMAHA教鋼琴，直到女兒唸小學才離職，生活圍繞在帶小孩上課、下課、補習、回家的規律生活中，「現在變成要常常出門抗議，對我來說是一個震撼。」

一個這麼單純的人，經歷這場土地徵收之後，完全變成另外一個人。陳文瑾開始能在抗爭場合喊口號，拿麥克風說話，南北奔波聲援其他迫遷戶。她的世界變大了，從關心家、到追求社會正義、國家民主。

全家靠陳割一份薪水生活，陳蔡信美一收到先生的薪水袋，第一件事，就是把小孩的學費先分出來，其他才做生活費，隨便吃穿，沒有應酬。五個兒女都受過高等教育，這個家成為召喚出外兒女情感的根據地。

陳家的古都歲月，就在平淡、幸福中度過，直到二〇一二年八月十七日，收到一封掛號信為止。那年陳割八十三歲，陳蔡信美八十歲，怎麼也沒料到，這封信為他們帶來人生最動盪不安的九年。

陳割在一九九五年得知鐵路地下化的消息，估計靠後門的曬衣間、廚房、餐廳會被徵用到，再過來的樓梯、客廳、庭院則可以保留。他覺得這樣的設計算合理，也願意配合政策，讓政府徵用部分土地。

二〇一二年八月十七日收到掛號信，通知他們去參加都市計畫公展說明會時，陳割還以為是過去那個規畫，但又不放心，到市政府要設計圖，但對方要他上網自己找。有一天打開信箱，他要找的那張圖就躺在信箱裡。

陳割看完圖後，才知道計畫改了，鐵軌要整個東移到家的位置，除了庭院一小部分之外，其他全部要徵收，其實也等於全拆了。

陳割以工程師的精準，快速整理資料參加說明會，會中跟鐵工局辯論應該依照過去那個徵用方案。之後他又參加了幾次說明會，漸漸發現說的話被當耳邊風，深受打擊後陷入重度憂鬱。家人不時聽他說：「這條鐵路共咱厝拆了了，自後壁拆到頭前，賭埕一公尺，我感覺這足無道理。」

陳致曉回想父親急速退化的過程，心中很不捨，「他們那個年代的人，對專業倫理看得很重，專業是工程師的根本。而民進黨一點專業倫理都沒有，還說了很多謊話，隔年八月，他的狀況就很不好了。」

陳致曉說：「父親先是重複剛說過的話，接著逐漸失去對話能力，忘記回家的路，甚至失去自理能力。有時突然冒出一句：『根本毋免東移、啥物時陣欲拆厝？』或是交代，『阿曉，共魁公（祖傳魁星踢斗塑像）提去台北。』」

之後他還繼續出席抗爭場合，到內政部參加都委會，到監察院、民進黨中央黨部、行政院陳情，但都只是靜靜坐在一旁拉布條，再也沒有拿起麥克風。他佈滿風霜的臉上沒有多餘表情，但無語更散發沉重的力量。

陳文瑾說：「搬到新家後，爸爸看到信件還會交待媽媽，『這地址寫毋著，你愛敲電話去請個改過來。』或是問，『咱出來足久矣，啥物時陣會使轉去？』有一次住院，隔壁床病友問他住哪裡，他不假思索就說，青年路。」

於是抗爭任務就交到陳蔡信美手裡，她跟著鄰居到平交道旁、附近國小發傳單，拿起大聲公說：「不需要東移，也可以完成鐵路地下化。」她對自己的轉變感到驚訝、而且自豪，「以前不敢在人前講話，遇到了就變勇敢。」

她遭受鄰居的異樣眼光，常去的教會也因為教友的冷言冷語，後來也不去了。有時出門回家，在門口就被圍住勸說，聽到郵差喊掛號就心驚膽跳。但她把這些都忍下來，為了保護自己的家，只要有一點希望，就去努力。

她從一個大信封中，拿出多份親筆寫給賴清德的陳情書副本，「每封信都寫不一樣，但回函都千篇一律，說你們的意見我們知道了，然後就沒下文。」說完後嘆了一口氣，「我這馬攏無心情去買花，足毋甘，全部攏無矣。」那一陣子原本綠意盎然、各色玫瑰爭豔的庭院，也黯然失色。

四

陳致曉拿到美國紐約大學電機博士學位，在貝爾實驗室工作三年後，回到台灣，問他為什麼回來？他說：「愛台灣啊，真的，我學的是最先進的東西，光學半導體，這些台灣很適合發展。」

他在台灣科技大學光電所任教，學校網站上羅列他的發明專利，就有二十多種。他從小立志做發明家，對政治沒興趣，從來沒想過，有一天土地徵收會發生在他身上。而這一次，他決定聲援父母。

二〇一二年八月十七日收到掛號信之前，陳致曉完全不知道土地徵收是怎麼一回事，也不認識任何懂徵收、又可以信賴的人。有人跟他提起洪箱，前一年灣寶抗爭成功後，洪箱人氣很旺，成為迫遷戶心中的一盞明燈。

當南鐵居民決定辦一場自己的說明會時，陳致曉打電話給洪箱，詢問她是否願意來跟居民加油打氣。由於之前並不認識，當洪箱立刻答應時，陳致曉感到有些意外。當天她跟陳幸雄一起到台南，受到居民熱烈歡迎。

之後賴清德跟居民辦過一次咖啡會議，洪箱也來了，那天賴清德提議找台南教授開技術論壇，陳致曉說他也要自己找學者，後來找到王偉民。

一開始陳致曉覺得有勝算，「弱勢者對有權者，唯一的機會是事實。」他是科學家，相信事實勝於雄辯。而且他從小功課好，對自己很有信心。

他的三姊陳文瑾說過一個故事。高中聯考放榜時，陳致曉正在家附近的南一書局看書，她跑去騙他說：「你考上南二中。」陳致曉抬起頭，很有自信地說：「怎麼可能？我一定是考上南一中。」他果然考上南一中。

陳致曉說：「我希望把事實攤開後，他們會礙於事實，我們就會贏。但如果他們不礙於事實，我們就會輸。看來他們不但不礙於事實、還扭曲事實。」

不到一年，他的希望就幻滅了，不過他還存有一絲期待，找各種方法拉長戰線，「我期待社會對民進黨認識更多之後，輿論不會那麼容易被宰制。」但最後他並沒有成功，與其說對政治失望，不如說對社會以及台南市民失望。

在這場反徵收抗爭中，陳致曉最大的恐懼，並不是失去那棟房子，當然這對他父母很重要，這就是為什麼他用盡各種辦法，想把房子保留下來的原因。他甚至計畫到附近買地，將房子平移過去，還提議把家獻給政府。

當這些都無法實現時，他還期待至少可以留下樓梯，「因為那個樓梯對我媽很重要，如果樓梯被拆掉，她的心會破一個洞。」但最後也沒有成功。

他最大的恐懼，是如何看待身為台南人這件事。「我家還沒被拆前，我有一種想像的恐懼，如果我家被拆之後，我要怎麼看待台南這個城市、以及台南人？這是最大的問題，而這個想像的恐懼可以很大。」

發生南鐵案之前，陳致曉非常以身為台南人自豪，他特別強調「非常」，這個驕傲來自國中時到武廟西社（台灣祀典武廟），跟台南文人學詩的經歷。「我同學喜歡猜燈謎，常常找我去，我們每次出現，就把獎品都贏回來，那一陣子，我家毛巾、肥皂、牙膏一堆都不用錢。」

某日一位老人問：「小朋友你們唸什麼學校啊？」

陳致曉回答：「建興國中。」

老人又說：「那離武廟很近，放學就來西廂房學寫對子、出燈謎吧。」

「去西廂房，要先經過武廟前的天井，從前振聲社常在那裡練習南管。」說到這裡，陳致曉的表情緩和下來，看得出來，他的思緒正回到昔日的美好時光，「你想像那個場景，黃昏時我下課走路到武廟，先通過中庭，旁邊有人在唱南管，接著轉入西廂房，一群老人用很典雅的方式在吟詩，我經歷了台南很特別的經驗，一直讓我對身為台南人，有非常強大的自豪。」

他接著說：「如果我家被拆，那不是政府的問題，是社會支持賴清德的鎮壓，是這個城市的問題，他們不是我從前認識的那個城市、跟那群台南人，我要如何面對自己、如何看待這個城市、以及這群人？我最怕的是這個。」

好在那個感情創傷的恐懼，在他家被拆之後，衝擊並沒有那麼大，「我已經看開了，從前會覺得回到台南，現在是回到爸媽的家。」

五

鐵道邊人人一本故事。

江吳美慧，鄰居都叫她江太太，在鐵道邊一棟三角窗的房子，開裱框店已經三十多年，從報上看到鐵路要地下化時她還很開心，只有住在鐵道邊的人，才知道與煤煙、噪音共存的日常。

她也是收到掛號信，才知道自己的家不是徵用、而是全拆，但她不相信自己的房子會被拆，「我們家是合法的，打拚四十年才有一個房子，做點小生意，你要搶我的財產，我會跟你拚命，希望賴清德高抬貴手饒過我們。」陳情時，她總是帶著剛過世先生的遺照，神情十分哀悽。

緊鄰江太太的裱框店，是蘇俊文跟蔡佳玲夫婦的家，這排房子是蘇俊文的爸爸設計、舅舅蓋的，他們在客廳牆上、父親玉照下的家庭佈告板，貼著二〇一二年八月十七日收到的掛號信，那一天，改變了他們的人生。

「我們是被選上的人，沒遇過都不知道這麼痛苦，婆婆到公園運動，就會被問你家何時要拆？有人去跟我爸說，你女婿要發了，徵收有好多錢。」蔡佳玲用優美的台南腔，說起這些大大小小的傷害。

蘇福成在鐵道邊有一棟兩層樓的透天厝，家中還有母親同住，「阮攏無讀冊，規家集合起來，拚命作工遮買這間厝，這馬欲徵收，講欲照顧阮，透天厝換大樓，佗一个較值錢？」他強調，如果東移是鐵路地下化唯一的方案，他沒話說，但明明有其他不用徵收的方法，他覺得沒有被公平對待。

「無徵收的時陣活甲真快樂，透早會去運動，知樣欲徵收了後足煩惱，阮和政府溝通攏鴨仔聽雷，毋回答阮，限制發言三分鐘。賴市長是一个美國的碩士，比我這个台灣無讀冊的閣較害，請公平對待阮。」

鄭椅發的太太第一次跟我介紹他的名字時，我就記住了，「他叫鄭椅發，椅子沙發。」很慶幸他們即使遭逢迫遷，還能保持幽默、善待別人。雖然提早從抗爭中退場，但他們持續在各個場合聲援抗爭的人，直到最後。

鄭椅發說：「賴清德挑撥不東移的話，西邊房子要拆，這很可惡。他還說只有少數人反對，他的少數是全部台南市民，跟房子要被拆的人比。就跟問大陸人跟台灣人要不要統一？結果一定多數贊成，都騙人的。」

剛開始抗爭時，預計被徵收的三百多戶，有兩百多戶連署反對，一直到二〇一八年九月十九日，內政部土地徵收小組審查時，還有高達七成不接受協議價購，被列冊徵收。等到徵收程序完成後，多數評估再抗爭沒有勝算，陸續妥協，最後只有林肸君、陳致曉、黃春香，成為被強拆的三戶。

二〇一九年四月三十日，鐵工局強拆林肸君家的老宅，拆到一半發現一口百年古井，自行宣布緩拆，文史工作者掀開井蓋，發現一甲子未取水的古井，不到六米就有清澈湧泉。日後南鐵地下化施工期間，不斷發現遺址。

這棟位於前鋒路、新樓醫院對面的老宅，是張聰明、張聰元兩兄弟的祖傳土地，他們生前總在額頭綁著「搶劫當政策，恨！」的黃布條，張聰明勤讀法律打算告政府，過世後陳致曉到張家弔唁，看到他牀頭放了一本六法全書。

林肸君是張聰元的媳婦，五月三日她到民進黨部抗議，說起那天老宅被拆的情形，「四月三十日黃昏時我過去看，發現水表、電表都被拆掉了，事前完全不知道，當天晚上大約十一點我去報案，警察說很晚了，明天再處理，我隔天再去，十二點才拿到報案單。今天早上要來台北陳情，出門後一直接到電話，要我在晚上七點前簽同意書，不同意就要強拆。」

雖然暫時擋下強拆，但隔年六月十一日清晨六點，鐵工局無預警把老宅拆了，聽到消息趕到現場的陳蔡信美、陳文瑾、黃春香，圍著林聆君痛哭。林聆君說：「很痛心，今天政府是以強拆來回應人民，完全漠視各種事實，台南古蹟為什麼要一直破壞殆盡，那我們還叫台南古都嗎？」

六

第二戶被強拆的是陳家，黃春香是第三戶，從二〇二〇年七月二十日，到二〇二一年八月二十日，十三個月期間，她家三度被強拆，過程中波折不斷，身心遭受很大的創傷。

「如果真的有公益性，我整間房子奉獻沒問題，但如果不公不義，為什麼我要縱容政府做壞事？政府存在，不是要照顧弱勢小民嗎？為什麼都照顧財團？」黃春香從小愛打抱不平，對於這場災難，也不輕易妥協。

黃春香家位於南鐵地下化沿線的北區，這區不同意的只剩她。她有二棟相連的四層樓房子，合計三十五坪。其實她已經不爭執被徵收的二十坪，只要求沒徵收的十五坪，可以繼續居住，但前提是，樓梯必須保留。

第一次強拆是二〇二〇年七月二十一日，通知書寫當天上午六點，黃春香事先拜託朋友來幫忙擋拆，但沒料到警察在前一天中午，就封鎖她家出入口，導致來聲援的朋友全被隔離在外。看到隔離線外的朋友跟警察爆發衝突，她隔著圍籬痛哭下跪，一直跟朋友說：「對不起、對不起。」

從高雄來聲援的國小退休老師蘇義昌，是反林園工業區主要的抗爭者。二十一日凌晨三點，他傳出直播影片，片中警察配備長棍，手勾手圍成一排，一種即將動手拆屋的氛圍。隨後，畫面中出現一個關鍵人物王偉民，凌晨四點，傳出黃春香簽了「地上物自行拆遷切結書」，緩拆兩個月。

陳家收到的拆屋通知是二十三日，他們也跟黃春香一樣請朋友擋拆，前一天聲援者陸續到陳家，才從驚嚇中回神的黃春香，也騎機車送水餃、炒麵來。她說起那天為什麼簽下切結書，「他們把我當犯人，我媽在裡面哭，我的心都亂了，說二個月跟我協商，我想至少還有二個月可以想一下，就簽了。」

她還提到王偉民，「他說你家拆下去什麼都沒了，是不是有一個機會可以協商看看，他還答應來我家看結構，我看到王工程師，就想我家有救了。」

然而黃春香的期待並沒有實現，之後經過幾次協調，交通部都說樓梯無法保留。九月二十日切結期滿，當天黃春香在家對面的開元路橋下舉行晚會，聲援者宣布組成「黃春香家關注組」，開始長期抗爭。

第二次傳出強拆黃春香家，是一個月後的十月十三日，當天凌晨警察同時包圍陳家、黃家，陳家當天就被拆除。黃春香家因為是半拆房屋，交通部把她家鎖住後就撤離。黃春香有家歸不得，跟留守的工程人員爆發衝突。

之後多位立委介入協調，黃春香跟聲援者也多次北上交通部陳情，交通部礙於立委情面假意協調，其實並沒有認真看待她的訴求。

以下是《焦點事件》記者孫窮理，分析黃春香家樓梯保留的重要性。

黃家現有台南市開元路十一、十三號兩戶四層樓房，徵收線攔腰斜切而過，被徵收面積約十九・七坪，保留約十四・八坪，兩戶打通後，一樓還要扣除騎樓面積，大約剩五坪的三角形空間。樓梯位在拆除線上，根據鐵道局測量結果，樓梯間大部分被畫入徵收範圍，拆除後無法使用，這造成兩個問題：

一、舊樓梯被拆除，二到四樓無法使用，黃春香和租戶失去居住空間。

二、一樓剩餘空間有限，加上形狀不方正，做新樓梯後，一樓空間難以再利用，目前黃家對被徵收的二十坪已無爭執，樓梯間面積雖然只有二坪，但卻影響未徵收的十四坪能否使用。

黃春香曾提出依《土地徵收條例》第五十七條，以協議價購或徵收地上權方式保留樓梯，這不會影響地下軌工程。但交通部回覆，「若本案以設定地上權方式保留樓梯，恐造成二一〇戶半拆地主提出相同要求，將造成景觀突兀，鐵道局對所有拆遷戶，處理要有一致性。」

黃春香感嘆：「百感交集，和這个政府毋知欲按怎講，攏佪講的著，我明明卑微的請求，就只有按呢，樓跤留一間房間予阮媽媽歇睏。啥物一致性？一遍閣一遍去台北，攏當作耳邊風。」

第三次強拆，是二〇二一年八月二十日凌晨，台南市政府派出大批警力包圍黃家，以油壓剪破壞門窗，逮捕抗爭者、阻止記者拍攝。包括樓地板、牆壁與鋼樑結構全部被拆除，結束了南鐵長達十年的抗爭。

這十年，在許多居民心中，留下難以抹去的傷痕，遷離四散的鄰居多已不相往來，有的老人搬家不到半年就往生。更多人不想再提起過去，經過已被拆除、如今變成工地的住家時，甚至要繞道，避免觸景生情。

回想二〇一二年十月十六日，他們第一次北上陳情時，多麼意氣風發，相信正義會站在他們這邊。那天，上百位居民一早從台南出發，先到交通部、總統府陳情，再到立法院，參加立委許添財為他們舉辦的公聽會。雖然舟車勞頓讓人疲憊，但看到這麼多人來聲援，又讓他們信心十足。

徐世榮在公聽會上說：「中央跟地方解釋無法採用原方案的理由，都是工期、經濟等因素，但不能隨便就用一坪多少錢，就把人家的家拿走。要在保障基本人權的前提下，再去談工法及其他。」

那天洪箱也來為他們加油打氣，「阮兜無愛賣，閣愛揣足濟理由共你講，閣愛上法院，大概全世界只有台灣按呢。金窗銀窗比袂過家己的狗窗，這是恁的厝，一定愛勇敢徛出來，逐家辛苦，加油。」

七

面對重大爭議案，第一任首長通常靜觀其變，等到第二任才會大刀闊斧推動，賴清德處理南鐵案也是如此。第一任時，依照陳致曉的說法「還蠻溫馨的」，他親自拜訪居民，舉辦座談會還提供咖啡。他辦技術論壇，歡迎公開辯論。不過陳致曉觀察，這些只是為了說服民眾，而非真心想聽居民意見。

陳致曉積極回應這些安排，「我當然不認為他是有誠心、善良的人，我對他的期待是，他會有所忌憚，因為他很愛面子。但他完全不怕，他相信只要控制輿論，就可以控制所有人。我那時沒有認清這點，所以抱有希望。」

二〇一四年十二月賴清德連任，半年後的二〇一五年五月十四日，就舉行台南市都委會。前一天，陳割、陳蔡信美到台北民進黨部，向黨主席蔡英文陳情，但她閉門不問，更不敢得罪黨內當紅的賴清德。

不忍兩老奔波，洪箱那天也來聲援，她說：「徵收造成人民的痛苦，民進黨標榜民主、人權，毋過有一遍我去台南聽會，袂當入去，是按怎袂使聽？民進黨會行到遮，是啥予伊力量、支持？反過來予百姓的是啥物？台灣的未來，毋是欲予伊毀掉，逐家愛共同拍拚，為弱勢發聲。」

都委會當天，市政府開放媒體在隔著玻璃的隔壁房間採訪，民眾分批進場表達意見，陳致曉、徐世榮、王偉民一組，他們發言時，雖然多次被提醒時間已到，但沒有理會繼續講，最後警察把他們全部拖出會場。

陳蔡信美目睹這個場景，有人問她要不要出去休息，她非常冷靜地說：「我要發言」。接著，面向主持會議的賴清德，說了以下這段話：

我先生他喜歡在台南工作，本來有很好的機會，但他不肯離開台南，我們家蓋的時候，就想永久住在那裡，那是我們的夢想，一直到退休後才把貸款還完。二〇一二年八月十七日收到掛號信，才知道房子要被拆，這是我們一生僅有的財產。我先生受到打擊，本來很健康，從此睡不好，躲在房間不出來，現在變成一片空白。我們也不過還能活幾年，想好好過晚年。

說完後，她向賴清德一鞠躬，「請市長多多幫忙。」隨後，她在市議員王家貞陪同下走出會議室，走到門口，剛剛強忍的情緒，瞬間崩潰大哭。

都委會是二級制，當天台南市都委會通過後，立刻送內政部都委會審查。五個月後的二〇一五年十月二十一日，內政部舉行都委會專案小組初審，在三次的審查中，發生許多匪夷所思的情形。

都委會專案小組委員，通常至少有六、七位，但南鐵案卻只有兩位：劉玉山、施鴻志，由劉玉山擔任主席。他們兩位跟台南有很深的淵源，都出生於台南、畢業於成大，施鴻志更長期在成大任教。

那天，陳致曉陳述意見後，施鴻志突然說：「當初蘇南成蓋建國路時高票當選，我們的觀點是，鐵路地下化是否有助於台南發展，一直談東移是小細節，你們今天來抗議，反而讓賴清德更多票，就跟蘇南成一樣。」

居民聽到這席話都很傻眼，幾番爭執後，劉玉山裁示補件再審。三個月後的二〇一六年一月二十七日第二次審查，施鴻志又說：「我建議主席這案準備提大會，我小組不揹黑鍋，為什麼要留在小組？」

本來劉玉山依他的建議裁示送大會，後來在居民抗議下，改成補件再審。二〇一六年四月十五日第三次審查，施鴻志聽完居民陳述後說：「這是鐵路地下化，不要再談東不東移。」

這句話引起居民抗議，「就是東移造成我們的困擾啊。」

施鴻志回應：「重大決策小組沒有決定權，要由大會決定。」

居民持續抗議：「你小組要先釐清啊，不能就這樣送大會。」

之後劉玉山請大家離席，徐世榮對他說：「我們根本沒有對話、溝通，爭點沒有釐清，你這樣就送大會，你們的名聲要賠上去嗎？」

劉玉山沒有理會，再次宣布今天會做出結論送大會，「我們做三個案子給大會決定，很多事情在我這邊沒辦法處理。第一案，依台南市政府所提通過。第二案，照自救會所提通過。第三案，建議退回台南市。」

這個結論，等於沒有結論，應該說連審都沒有審。專案小組的職責是釐清事實、並做出具體建議，但委員卻說：「我小組不揹黑鍋，重大決策小組沒有決定權。」這種審查品質，是毀了他們兩人、以及都委會的專業性。

八

二〇一六年五月二十日，政黨輪替，蔡英文就任總統。不到一個月後的六月十四日，她任命的內政部次長花敬群，主持第一次都委會大會。他主導之後的審查，過程中出現更多荒謬的場景。

在那次會議中，陳致曉提議舉辦行政聽證，花敬群則說，都市計畫沒有聽證制度，但他願意在七月二日舉辦一場「擴大專案小組會議」，並說：「都委會的法律效力，絕對不比聽證差。」這個說法明顯混淆了聽證效力。

《行政程序法》第十節，從五十四條到六十六條是「聽證程序」。第一〇七條規範行政機關何時可以舉辦聽證，其中包括「行政機關認為有舉行聽證之必要者」。換言之，只要他願意，隨時都可以舉辦。

至於效力，都委會、聽證會性質不同，沒有哪一個比較好或差，都委會的效力是決定權，聽證的效力主要在「蒐證、論辯、存證」。

而所謂「擴大專案小組會議」，性質跟公聽會類似，公聽會與聽證會的差別，大法官解釋第七〇九號，對兩者做了精簡扼要的區分。

聽證會：「使利害關係人得到場，以言詞為意見之陳述及論辯後，斟酌全部聽證紀錄，說明採納及不採納之理由作成核定。」

公聽會：「由利害關係人向主管機關提出意見，僅供主管機關參考審議，採不採納，行政機關不必說明。」

戴秀雄認為，都市計畫就是因為太封閉，搞得天怒人怨，如果南鐵案能好好辦一次聽證，具有里程碑的意義。

可惜直到最後，這麼有代表性的徵收案，卻沒有機會辦一次聽證會。七月二日舉辦的「擴大專案小組會議」，跟過去一樣，只是各說各話，會一開完就火速宣布七月二十六日，舉行第二次都委會大會。

在這次會議中，花敬群不但有失主持人的公正客觀，還跟居民唇槍舌戰，甚至連粗話都說出口，傲慢的態度表露無遺。

會議開始，在交通部簡短報告後，花敬群問台南市都發局長吳欣修，有沒有要補充的，吳欣修回答沒有。吳欣修在賴清德擔任行政院長期間，被提拔為內政部營建署長，都委會即是營建署的主管業務之一。

在之後擔任時代力量不分區立委的陳椒華立刻舉手，「我們上次專案會議爭點沒有釐清，為什麼他們不用回答？」

「委員都聽很多次了，要大家百分之百接受不可能。」花敬群說。

「地下水要講清楚。」台灣水資源保育聯盟主任粘麗玉接著說。

「誰來定義講清楚？」花敬群回答。

「他們為什麼不需要解釋？爭議這麼多。」陳椒華又問。

「他們說了，只是你們不接受。」花敬群說。

「現在你程序有問題。」粘麗玉也不相讓。

洪箱接著說：「恁摸良心，欲徵收個的財產，百姓的人權有考慮無？恁攏知樣有問題、有解決無？袂閣欺負百姓矣。」

「徵收是否公平會有專業判斷，了解了解，好好歐巴桑……。」聽到花敬群叫洪箱歐巴桑，粘麗玉很火大，「啥物歐巴桑，伊是灣寶的洪箱。」

蔡佳玲接著站起來說：「會議通知單上周六才拿到，也沒有給我們會議資料，官民的資料不對等，這樣可以開會嗎？」

花敬群不理會，請登記第一位的居民發言，他發言結束後，再請第二位發言時被陳椒華打斷，「主席請處理程序問題。」

「違法的程序還繼續開嗎？」粘麗玉接著追問。

花敬群突然火氣爆開，連說三句：「你去告我、你去告我、你去告我。」

粘麗玉站起來還沒開口，花敬群就指著她更大聲說：「坐下，你去告我。」

「我為什麼要坐下？」

「我今天代表內政部，在這裡主持會議，你去告我。」

「你會議資料要先公告啊。」

「今天大家不是都知道了、也都來了嗎？」

「給開會通知，為什麼不給資料？」

「各位，法律上沒說沒公告就不能開會，程序瑕疵不影響今天開會，難道要跪下來跟你道歉嗎？」眼看會議開不下去，花敬群說：「我現在裁示，今天會議不做通過與否的決議，這案我們提下次大會審議。」

「你要先處理爭議，葉俊榮部長不要躲在後面。」陳椒華抗議。

「各位各位，你們在逼我現在做裁示嗎？你們是在逼我現在做裁示嗎？」

「退回專案小組、退回專案小組……。」

花敬群宣布：「下次八月初重新審議，會議到此為止，散會。」

大家繼續對他說：「現在什麼資料都沒有，到底要怎麼對話？」

洪箱又說：「恁攏知樣問題出佇佗位，毋過攏毋解決……。」

花敬群突然大吼：「為什麼要百分之百滿足你們，才叫做我們善意對待？要你們配合開個會，你們他媽的就這樣，這像什麼話！」

聽到這句話大家都愣住了，想起上一次開會，他還為大家準備咖啡呢。內政部同仁趕快把花敬群拉走，怕他等一下又會說出什麼不得體的話。

半個月後的八月九日，舉行第三次都委會大會，這次通過了。花敬群上任不到三個月，包括擴大會議總計開了四次大會。依照正常流程，每次會議至少相隔三到六個月，跟環評一樣，只有被「交代」的案子，才會如此快速。

這次會議，內政部派了不對等的警力，電梯管制，樓梯間出入門封閉，內政部四周塞滿警察，連盾牌、警棍都帶了，用這種警力對付十多位居民，讓洪箱覺得好笑又傻眼，「台灣的警察，是毋是攏食飽傷閒無代誌做？」

其實那天會議出奇平和，徐世榮、陳致曉、鄭椅發、蔡佳玲、陳蔡信美等十多位居民，以及台大城鄉所學生吳昀慶、律師簡凱倫，戴著畫X的口罩，手拿「召開行政聽證」手牌坐在地上。輪到發言時就舉起手牌，沒有發言，平常發言三分鐘覺得太短，靜默三分鐘，卻長得讓人坐立難安。

最後徐世榮代表發言：「在這種開會形式下，任憑我們說破嘴、提出很多論述都沒有用，我們決定讓今天是台灣都委會最安靜、最順利、最沒有雜音的一次，我發言完後，會集體退席。」他接著說了以下這段話：

一、這不只是個案，而是涉及憲法層次的問題。三年前《都市更新條例》三個條文被大法官宣布違憲，釋憲文說必須舉辦聽證會、履行正當法律程序。兩周前大法官再度做出釋憲文，《市地重劃實施辦法》七個條文違憲，要求一定要履行正當法律程序，也就是舉辦聽證會。都市更新、市地重劃都應該辦聽證了，對人民權益侵害更嚴重的徵收，不用舉辦聽證會嗎？

二、大法官四〇〇號、七〇九號、新店美河市七三二號解釋，都有一致的共識，《憲法》第十五條保障人民的財產權，絕對不只有金錢，而是涉及生存權及人性尊嚴。剝奪人民的財產權，等於剝奪他們的生存權。

土地徵收是台灣社會嚴重忽略的一種死刑，但宣判時並沒有給他們三級三審、非常上訴機會，而是這麼輕率、用專家治理剝奪他們的財產權。

三、四年前我們提出《土地徵收條例》修正版，要求所有土地徵收一律要採行聽證會，當時在野的民進黨支持我們，後來因為國民黨阻擋，改成只規定特定農業區有重大爭議時，才需要辦聽證會。

很遺憾，四年前民進黨承諾我們，蔡總統的競選廣告還去大埔拍，說要履行土地正義、居住正義。四年後她執政了，並沒有這麼做，上台還不到百日，就看到她欺騙、毀過往承諾的性格。

隨後全體退場，會議通過，稍晚賴清德在臉書發文，「今天內政部都委會通過台南市鐵路地下化都計變更案，代表這項市民期盼多年的重大建設，往前邁出關鍵一步，後續市府會再接再厲，讓行政作業順利完成。」

陳致曉說，那天這麼做是體認到，國家機器無論如何都要輾壓過去，多說無益。但他並沒有就這樣放棄，自此又掀起南鐵案另一波抗爭。

九

二〇一七年三月十五日，交通部在仁德區鐵路地下化南段工區，舉行「C

二一四標南台南站路段地下化工程」開工典禮，那天到場的有賴清德、交通部長賀陳旦、鐵工局長胡湘麟、以及得標的大陸工程董事長殷琪。

南鐵案的土地徵收被拆成兩個案子：仁德區、北區及東區，此時兩個都還沒走完徵收程序。陳致曉認為，徵收程序未完成前，不應該違法動工。一大早十多人趕到現場抗議，多位居民戴著白色紙捲的尖帽，上面用紅筆寫著「懷璧其罪」，背上插著一支寫著「斬」字的厚紙板。不過他們在典禮現場一公里外，就被警察驅趕，一陣推擠後，警察同意他們在人行道上開記者會。

鄭椅發被推得很氣，「我要政府開行政聽證，這樣對人民比較有保障，否則有一天政府隨便畫一畫，你家就不見了。我們要建立制度，政府也要給人民合法抗議的權利，不給我們進去，又把我們趕到路邊，這樣對嗎？」

陳致曉說：「未來土地徵收審議時，我們會要求舉辦聽證會，現在卻先動工。難道他們認為，土地徵收審議只是橡皮圖章，一定會過？」

場內則是另一番景象，五彩繽紛的汽球拱門，搭配舞龍舞獅喜氣洋洋。賀陳旦致詞時走下講台，手指向不遠處的安置住宅，對著坐在前方的賴清德說：「這就是遠見，安置宅都快蓋好了，我們今天才動土，讓我非常感動。」

賴清德說：「這三百多戶的百分之八十幾，被拆除的面積大概小於十坪左右，換句話說百分之八十幾的住戶，都有機會回到原來的土地重建。」他如果不是記錯，就是故意混淆，那三百多戶被拆不只十坪，不可能回來重建。

賴清德還強調，今天動工沒有違法問題，「絕大多數居民都已經同意，反對只是少數，他們提的版本，相較於行政院版本沒有比較好，工程複雜、時間更長、經費更多、更危險，甚至還要拆更多房子，古蹟也無法保存。」

操作多數、少數往往是有效的，因為跟徵收事不關己的多數人，會想像鐵路地下化後，能給他們帶來更多便利而歡迎。而極少數房子要被徵收的人，放在開發光譜下顯得微不足道，這就是土地抗爭，總是難以成功的原因。

這次動工兩個多月後的五月二十三日，交通部才依《土地徵收條例》第十條規定，在都市計畫通過後、內政部土地徵收小組審查前，舉行北區公聽會，聽取土地所有權人的意見。然而，在公聽會之前已經動工了。

那天警察在門口檢查入場民眾的包包，到場聲援的洪箱很生氣，「恁台南號稱民主聖地，我入內閣愛予搜皮包仔。以前劉政鴻欲徵收阮的土地，逐家講伊真壓霸，但是我從來無予人搜過。來恁台南兩擺，一擺抾當入去、一擺予人搜皮包仔，恁過去所講的民主，攏是白賊。」

再二個月後的七月十九日，才舉行東區場公聽會。二〇二三年總統大選前，有一段陳蔡信美廣被流傳的影片，就是她在這場公聽會中說的。

為什麼突然要把我們趕走，要拆我們的房子？本來的計畫是原軌施作，我們不反對，也願意提供小部分土地做臨時軌，做完後把土地還給我們。我要請問，二十多年前可以做的工程，一樣明挖覆蓋，現在工程技術那麼好，連雪隧都能做了，卻變成一定要東移、拆人家的房子才能做？

市政府從頭到尾都在騙我們，我跟他提出問題，從來沒回答一句正確的。講一個笑話，我問都發局長吳欣修現在技術這麼好，為什麼一定要東移？他說雪隧潛盾機壞了兩部，現在還卡在隧道裡，真是笑話，以為我們是笨蛋。還有叫說客來跟我們說，要我們犧牲，我們不是人，是一條蟲嗎？

二〇一七年九月八日，賴清德接任行政院長。
二〇一七年九月二十日，內政部通過仁德區土地徵收。
二〇一八年二月，賴清德參加南鐵照顧宅竣工典禮。
二〇一八年九月十九日，內政部通過北區及東區土地徵收。

內政部土地徵收小組必須評估徵收的公益性、必要性，但當天交通部的簡報，完全沒有提到這個。徐世榮當場怒斥：「土地徵收最關鍵是對基本人權的侵害，這個委員會應該審查基本人權，但剛剛報告談的是工程、補償、安置、最後跟你說行政院已經核定。一個字都沒談到基本人權，真是丟臉！」

十

二〇二〇年陳家、黃家遭遇兩波強拆。首先是七月二十一、二十三日，黃春香家之前已經提過。陳家在強拆前一天，陸續有聲援者來，陳致曉說：「幫別人擋拆，跟自己家擋拆完全不同，我現在心裡充滿恐懼。」

二十三日清晨四點，大家把客廳的桌椅搬開，地上坐滿了人，手勾著手。五點，陳蔡信美代表家人向大家致謝，「已經努力過了，還是沒辦法對抗政府，感謝大家九年來給我們的支持，希望大家平安無事，我從心裡感謝你們，有大家的支持，才能撐到今天。」陪在她身邊的洪箱、張嘉玲都哭紅了眼。

五點半，警察、水車開到門外。

六點二十分，警察在門外喊話：「陳致曉出來溝通。」

陳致曉在屋內回應：「請他們撤退，拒絕兵臨城下的溝通。」

七點二十分，警察評估強拆不易，宣布任務取消。

隨後，大家幫忙把剛剛從客廳移開的沙發、桌子又搬回原位，陳蔡信美緊繃的神情放鬆下來，小聲地說：「這個家能多待一天，就多待一天。」我在一旁看著她，覺得很不可思議，一個人對家的依戀，是外人無法想像的。

第二波強拆是十月十三日，一開始傳出要拆黃家，但沒有提到陳家，聲援者全都集中在黃家。不過凌晨時陳家後門突然出現怪手，當時陳家二老、三個女兒、徐世榮都在屋內，陳致曉在台北上課沒有回來。

南鐵陳家在二〇二〇年十月十三日被強拆，陳蔡信美（右）、陳割（左）手牽手，以傘為杖，含淚離開居住近半世紀的家。

事出突然，當下沒有聲援者在場，陸續傳出消息後朋友紛紛趕來，但警察封鎖陳家巷口。詹雅琴從高雄趕來，跪在地上，要求進入陪伴陳蔡信美，警察用力拉她，她沒有退卻，畫面透過電視轉播，警察才放行。

徐世榮與陳家二老、三姐妹在屋內禱告後緩緩走出來，陳割穿著平常外出的T恤、及膝短褲、球鞋，牽著陳蔡信美的手，以傘為杖緩緩走出家門。他的表情很平和，或許以為跟過去每天一樣，出門散步後很快就可以回家。最後他們回頭向家一鞠躬道別，走到巷口跟聲援者道謝。

等到他們一離開，就聽到屋內傳來：「可以動手了。」接著鋼牙從後門先把牆壁打掉，不久就把整棟房子拆除大半，連原先承諾保留的樓梯，也被打得屍骨無存。洪箱站在平交道遠望陳家被拆時，喃喃自語：「會有報應的。」

南鐵案在徵收過程中，常常被拿來跟「大埔事件」相提併論，雖然徵收性質不同，但如果有其他不必徵收的辦法，也可以實現鐵路地下化，執意徵收人民土地，或利用土地開發籌自償經費，就不符合徵收的必要性。

而黃春香，她有權使用沒有被徵收的剩餘坪數，她要求保留樓梯，只不過在情理之內，交通部沒有理由不協助她，卻連這點都做不到。

城市發展應該讓居民共存共榮，而不是建立在有人犧牲的基礎上，如此才能體現這個城市美好、良善、公平正義的一面。

結語

台南鐵路地下化，是連反對徵收民眾，都支持的開發案，爭議在於採用「原軌版」或「東移版」。如果採用原軌版，鐵路沿線三百多戶，只要提供部分土地，讓政府「徵用」做臨時軌，工程結束後，把土地還給人民重建。東移版則是「徵收」人民土地，讓他們永久失去安身立命的家。

土地徵收是強制剝奪人民的財產權，政府應該窮盡一切努力避免。工程方法、自償都不符合徵收的公益性、必要性。

另外，南鐵案爭議長達十年，過程中內政部護航偏頗的審查方式，也看出政府主導的專家制度，多麼虛偽不實。這種制度在行政機關處處可見，多數變成政府的白手套，專家審查是否有存在必要，未來也應一併檢討。

第二部

區段徵收

第四章

大埔張藥房

政府照顧老百姓，照顧到這種程度，連我們六坪小房子都留不下來，我到底錯在哪裡？誰來救救我們……。

——張森文

一

「大埔事件」是苗栗縣政府推動「竹科竹南基地暨周邊特定區計畫」，過程中引發的一連串抗爭事件。特定區範圍包括：竹南鎮大埔里、頂埔里、部分頭份鎮山下里、後庄里，面積一百三十六公頃，採區段徵收方式開發。

總計八百多戶被畫入徵收範圍，其中二十三戶堅決反對參加，大埔事件的主要受害者「張藥房」屋主張森文，也是其中之一。

接續第一章第十一節，二〇一〇年六月九日苗栗縣政府怪手毀田，六月二十三日大埔居民到總統府陳情，七月十七日夜宿凱道。八月三日，自救會成員朱炳坤的七十二歲母親朱馮敏，喝農藥不幸身亡，引發第一波抗爭。

為了平息爭議，八月十七日行政院長吳敦義會見大埔自救會，協調之後得出兩點結論：一、未在法定期限內申領抵價地者，其所有建物及基地，同意原位置保留。二、在區段徵收範圍內集中畫設農地。

半年後的十二月二十八日，內政部都委會依照吳敦義的承諾，完成保留程序。聽到這個消息，張森文鬆了一口氣，他的房子是建地，依照第一點結論，可以原位置保留。不料四個多月後的二〇一一年五月十日，內政部都委會卻變卦，包括張藥房、朱樹、柯成福、黃福記這四戶無法保留。

內政部的理由是，張藥房位於道路截角，會妨礙交通，不得不拆。柯成福的房屋是共有，另一位屋主已經領取補償費，不能保留。朱樹的房子因為其他住戶都已配合部分拆除，為了公平不能例外。黃福記陳情原位置保留農地，不要集中畫設，因為與第二點協議不符無法採納。

二〇一二年八月七日，都委會再次確認四戶無法保留。那天，張森文懷抱最後一絲希望，心想：「院長都做副總統了（吳敦義已升副總統），怎麼可能他說的話不算數？」得知結果後，他跪在營建署門外痛哭失聲。

那天來聲援的洪箱也哽咽，「吳敦義做袂到，就莫共人答應，毋是當事人，袂了解厝欲予拆的心酸。伊哭甲按呢，敢攏無感覺嗎？」

張森文的財產是一點一滴打拼來的，政府羅織一個不存在的理由，就要把它搶走，讓他無法接受。加上這個案子反反覆覆，一下要徵收、一下要保留、然後又變卦。是這些不甘心、不確定，把他推到懸崖，終至毀滅。

廖本全說，張森文很自責，感嘆一個男人連家都保護不了。想抗爭又怕傷害家人，就這樣鑽入牛角尖，進退兩難。

張森文在張藥房牆上，漆上大大的「慘」字，表達無聲的抗議。

二

一九五三年出生的張森文，是苗栗縣南庄鄉人，父親早年留學日本，帶著日籍媽媽回故鄉做公務員。一份薪水養四個小孩，爸爸領薪水時，媽媽第一件事，是去雜貨店還賒帳。在那個物資貧乏的年代，公務員至少還有微薄薪水，於是他聽爸爸的話念藥劑科，隨後考上公職，也做了公務員。

一九七九年張森文與彭秀春結婚，三個小孩陸續出生，為了貼補家用，先在張藥房現址後面租屋開業，後來標會九十萬元，買下現址十一坪的房子，把藥房遷過來。一九九七年香山系統聯外道路拓寬，徵收張藥房五坪。

張森文回想，家被切成一半後，直到馬路拓寬完工，全家還住在這裡。完工後，找人把牆補起來，領了一百多萬補償金，剛好修房子花掉。他苦笑：「那五坪算是白損失了，遇到土地徵收，就是百姓吃虧。」

但這次要再徵收剩下的六坪，還說因為妨礙交通，他就無法接受，「我住了三十年的房子，從來沒被撞過，什麼調查都沒有，怎麼說我家妨礙交通？」

全程參與吳敦義那次協商的徐世榮說：「當天吳敦義、劉政鴻、江宜樺（內政部長）都在場，事後行政院也正式發出協議公文，沒想到，這個國家最高行政首長對人民的協議，竟然變成一張廢紙。」

二〇一六年五月蔡英文總統就任，隔年六月指示張藥房原址重建，這表示房子有沒有妨礙交通，該不該拆？不過政府一句話罷了。自此民進黨常拿張藥房，做為土地正義的象徵，不過也只限張藥房一戶而已。

反而蔡英文八年任期，土地徵收事件大爆發，徐世榮在一次環團四二二地球日、會見蔡英文的場合，當面對她說：「您是台灣解嚴後，土地徵收面積最多的總統。」蔡英文聽了，面帶怒容直視他，「你剛剛講的，刺激到我了。」

徐世榮說：「我其實很想回她，我就是要來刺激妳的。」但他把這句話忍下來，改成提醒她：「多年前國際人權委員會，就在這裡吃飯，您怎麼講的，還記得嗎？您說，他們講的人權，未來是您施政的地板、不是天花板。」

花敬群見狀，馬上幫蔡英文解圍，對徐世榮說：「你錯了，一般徵收已經很少了。」徐世榮感慨：「一邊大搞徵收，一邊喊愛台灣，我看不起這些人，最看不起的是花敬群，他還是我們政大地政系的。我講的是土地徵收，土地徵收包括區段徵收，說謊說得太明顯了，等於是騙蔡英文不懂。」

那次之後，民間會見蔡英文的場合，徐世榮就不去了，改請社子島自救會發言人李華萍代表出席，說不定總統府也鬆了一口氣。

一九八七年七月十五日台灣解嚴，徐世榮在十三天後的七月二十八日到美國，成為解嚴後第一批留學生。八年後他回到台灣，要把在美國學到的民主自由帶回來，無法容忍台灣土地徵收制度，依然停留在戒嚴時代。

三

二〇一三年六月十一日，無法保留的四戶收到苗栗縣政府通知，限期七月五日前自行拆遷。六月二十七日他們跟聲援團體到行政院陳情，洪箱也來了，她說：「吳敦義講免拆的時陣，個足歡喜，毋過今仔日來一張公文，就欲拆個的厝，遮爾欺負人，政府毋是定定講居住正義嗎？」

二〇一三年七月二日，張藥房屋主張森文，拿著「守護大埔」的牌子，在行政院前搭棚抗議，張藥房最終在十六天後被拆除。

彭秀春滿面愁容，用悲傷、不滿、不可置信的語調說：「中央說要保留我的房子，苗栗縣說要拆我的房子，問題出在哪裡？」

張森文則在一旁喃喃自語：「這是誠信問題，我不走，要走早就走了。」他為人和善，溫文有禮，跟著自救會出來抗爭，都只站在角落跟著喊喊口號。後來則常常穿著壽衣，坐在角落，淚流滿面，無聲痛哭。大埔事件抗爭初期，媒體甚至很少注意他，到後期他才漸漸成為新聞焦點。

洪箱常對他說：「你遮爾客氣，是欲按怎抗爭？莫怪逐家食你夠夠。」張森文聽完後總是苦笑。

那天，營建署長許文龍接受陳情時說：「都委會只是『附帶建議』這四戶保留，中央不能侵犯地方的職權。」

徐世榮反駁：「你這樣講跟當初承諾的不一樣，公文白紙黑字寫的是原屋原地保留，就因為當初這麼明白寫下來，大埔事件才能平息。」

廖本全則說：「江宜樺高升了（行政院長），他可以不認帳嗎？」

記者會後，行政院沒有回應。七月二日張森文、彭秀春，以及多個民間團體，在行政院門口搭棚抗議。張森文拿著放大的吳敦義承諾書，朱炳坤拿著「人已亡，何忍家再破」的手牌，兩人併肩靜坐一旁。

那天，洪箱跟女兒張嘉玲，帶著坐娃娃車的孫子孫女，坐在行政院門口、人行道上的白千層樹下，一待就是一整天。

一向少話的張森文那天有感而發，「政府照顧老百姓照顧到這種程度，連我們六坪小房子都留不下來，我到底錯在哪裡？住了三十年的房子，有合法繳稅、有水有電，你說這是違章建築，我實在想不通。我希望高官們施捨一點同理心，放過我們這六坪小房子，誰來救救我們……。」

日後，徐世榮不斷想起張森文說的這句話：「我到底錯在哪裡？」人民守法存錢、貸款買的一點財產，為什麼政府可以隨便搶去？

當天下午，行政院發言人鄭麗文強調，三年前吳敦義的承諾有四個前提：原建物必須符合交通安全、公共安全、公平性、都市計畫合理性。這四戶並不符合這些前提，所以苗栗縣政府才會行文要求拆遷。

「一派胡言，從頭到尾沒有這四個前提。」徐世榮反駁。

隔天，劉政鴻也舉行記者會，再次強調沒有承諾跳票問題，他還說：「如果逾期未拆，縣府將依法處理，否則如何跟其他地主交代？」

七月四日清晨，行政院動用警力拆除搭在門口的帳棚，張森文因過度傷心昏倒送醫。隔天，這四戶再度收到限期拆遷公文。張森文收到的通知單，代清除費用是二十四萬兩千元，剛好跟他的地上物拆遷補償金一樣，被抗議故意整人後，內政部回應，這只是預估，實際計算後是三萬三千元。

七月五日張森文從台大醫院急診室回家，門前早已湧進上百名聲援者，他站上臨時搭建的小舞台，向台下深深一鞠躬，「我從台北回來了。」

「張大哥加油。」台下聲援者大聲回應他。

「謝謝你們的恩情，我永生難忘。」張森文說著痛哭失聲。

廖本全上台時說：「人民的力量有多大，社會的改變就有多大。今天我們來這裡，不只是守護大埔，也是共同守護台灣社會。守住大埔張家，是讓社會走向正軌的第一步，我們在這裡許願，一起抗暴到底。」

之後苗栗縣政府動作不斷，七月十一日在四大報頭版刊登廣告，標題是「縣府面對大埔鄉親，有義務提供一條安全的路」，還指張家拆了這六坪小屋並不會無家可住。如果不拆，未來若發生交通事故，誰來承擔？

個人的財產，不論多少，都屬於他所有，政府無權取走一分一毫。而這種動用龐大資源的公審手法，進一步醞釀社會的不滿氣息。

四

二〇一三年七月十八日，張森文在台北新光醫院精神科病房住院，彭秀春到台北開記者會，一大早張藥房外圍多條馬路已經交通管制。那時高鐵苗栗站還沒通車，我搭到新竹站，轉計程車到竹南，到了張藥房外圍就被擋下。

就在不知如何是好時，一位騎機車的女士騎到我身邊，「記者小姐，我去台北抗議有看過妳，我住在這裡，他們會讓我進去，我載妳。」

到了現場後，看到大批警力，先驅離現場民眾、記者到封鎖線外，接著搬家公司進入張藥房，搬出大件家具。十點半怪手開始動手拆屋，一個小時後，張藥房的六坪小屋，已變成一堆鋼筋水泥。

立委吳宜臻到場關心，質疑苗栗縣政府趁虛而入。劉政鴻受訪時則說：「這是天賜良機。」他並表示，選擇張家人不在時拆屋，是為了避免拆除過程造成衝突甚至受傷，「不得不拆除，請這四戶體諒。」

劉政鴻這番話，引爆日後「今天拆大埔，明天拆政府」的抗議行動。

下午三點開始下雨，怪手把一堆模糊不清的鋼筋水泥推入貨車載走。剩下不多的東西，工作人員用鏟子、掃把清除。接著水車進來，強力水注將地面清洗一遍，吊車花了點時間，在已拆除的張家四周圍起護欄。

徐世榮十二點多來到現場，穿著白襯衫、紅背包，記者湧過去想要他說點什麼，他手揮一揮拒絕了，站在張藥房隔著仁愛路對面的一家超商前。終於等到怪手開走，警察離開，記者也都走了，交通管制取消，仁愛路、公義路又恢復車流。徐世榮突然把背包放在地上，拿出寫著「農村出代誌」的紅色T恤套上，穿過馬路，跳過護欄，在已被拆除的張藥房地上坐下來。

隨後，洪箱也跟著走進去，坐在徐世榮身邊，坐下的人愈來愈多，雨還繼續下著。張家大兒子晚上六點回來，洪箱幫他準備香跟紙錢，讓他拜地基主，面對記者訪問時說：「我還能說什麼？我沒有保護好我的家。」

入夜後雨漸漸停了，彭秀春晚上十點回到家，呆坐在地上喃喃自語：「我只是一個拿鍋鏟的家庭主婦，為什麼今天被政府欺負到這個樣子？」

五天後，徐世榮開車從新光醫院載張森文回家，同行的還有我。一路上張森文心情頗為輕鬆，帶我們吃路邊攤小吃，還回到他日前才退休的新竹縣衛生局跟同事致意，同事對他熱情相迎，也一再安慰他放寬心情。

回到家後，張森文花了點時間摸摸房屋僅存的一片牆，然後走到斜對面朱炳坤家，兩人相擁走了一段長長的路。

五

七一八拆大埔後，各地抗爭事件不斷，馬英九、吳敦義、江宜樺、劉政鴻所到之處，警力特別森嚴。七月二十三日聲援民眾在凱道舉行記者會，之後徐世榮等人轉到塔城街，向正在參加衛福部揭牌的馬英九總統抗議。

中午十二點馬總統離開衛福部，當車隊從塔城街右轉長安西路時，徐世榮在封鎖線外高舉雙手大喊：「今天拆大埔、明天拆政府。」同時間，多位學生也在長安西路角落對著車隊大喊，他們隨後都被架離現場。

徐世榮被捕後，在重慶北路派出所、大同分局做兩次筆錄，再以公共危險罪、妨礙公務罪，移送士林地檢署，晚間十點半檢察官將他請回。

「徐老師加油！」在外等候的朋友、學生，大聲為他打氣。

「我還是要呼籲大家，維持理性非暴力。」徐世榮回應。

隨著抗爭漸漸緩和下來，原本以為張森文一家，可以漸漸回歸正常生活，朋友也很有默契不再打擾他。沒想到九月十八日中秋節前

二〇一三年七月十八日，張藥房拆除後，民間發起「八一八拆政府」，搶占內政部大樓。洪箱、徐玉紅、陳文瑾（從左至右），聲援彭秀春（右一）。

一天，傳出他失蹤，不久後，在張藥房附近的大埔橋下排水溝，發現他的遺體。洪箱第一時間趕到現場，她受到很大的衝擊，久久無法釋懷。

在政府眼中，土地徵收是經濟問題，從中創造多少利潤。但對土地被徵收的人來說，剝奪他的財產權，等於剝奪他的生存權、居住權、工作權，過程中飽受折磨，覺得沒有被公平對待，連帶失去尊嚴。

張森文的死，是對這些提出無聲的控訴，更留給社會無法抹去的傷痛。

結語

政府徵收人民土地，必須符合「各別土地」的公益性、必要性。區段徵收最大的爭議，是政府任意圈起一塊地，強制徵收範圍內的「全部土地」，而且沒有明確用途，已違反土地徵收的基本原則。

不幸的是，區段徵收的正當性，雖然廣被質疑，但因為可以平白從百姓手中拿到六成土地，不但省下公共建設支出，還可以拍賣獲利，反而變成政府最喜愛的徵收方式。短期內要廢止，難度很高，但至少可以先從無條件剔除不同意者做起，長期而言，則應修訂法令，廢止區段徵收。

第五章

機場捷運A7

政府都汙衊反對徵收的人，是因為補償不夠才抗爭。如果我們要錢，這些地可以賣很多錢，何必這麼辛苦跟它拚？

——徐玉紅

一

大約跟大埔事件同一時期，發生另一起著名的區段徵收案：「機場捷運沿線站區周邊土地開發—A7站區開發案」，以「改善庶民生活行動方案（蓋合宜住宅）」為名，開發機場捷運A7站周邊土地。（後改名為體育大學站）

開發案位於桃園縣龜山鄉樂善村（牛角坡），區段徵收二百二十六・七八公頃，後來提高到二百三十六・三公頃。分兩期開發，第一期一百八十六・六公頃，其中九・八一公頃、約五％蓋合宜住宅。第二期尚未開發。

內政部在二〇一〇年三月十二日的新聞稿表示，為配合機場捷運通車，開發沿線站區周邊土地，以兼顧捷運運量與營運成本，並提供合理價位住宅、規畫產業專區。並強調二〇一〇年三月十日，行政院已核定這個開發案。

從這個新聞稿可以看出，這個開發案跟機場捷運用地無關，而是捷運沿線「周邊地區」的土地開發，目的是以開發利潤，補充機場捷運的開發及營運成本，合宜住宅只是做為徵收的公共利益象徵，而且只占總面積五％。

事實上，就算蓋合宜住宅，稱得上公共利益，但土地是從另一群人徵收而來，就很難說符合公共利益，何況只用到徵收總面積五％，其他九五％的公共利益何在？廖本全說：「這根本是掛羊頭、賣狗肉。」

文化大學退休教授楊重信也批評，政府權力過大，想圈哪塊地，就找個自己認定的公共利益，透過都市計畫，強制徵收人民土地。徵收後只需配回三、四成土地給土地所有人。而且低價徵收，高價標售，A7站徵收價每地坪三萬五千元，標售價二十五萬元，「這是用百姓的財產獲利。」

諷刺的是，現任總統府秘書長潘孟安，二〇一一年七月十六日擔任立法委員時，還陪同A7自救會開記者會，痛批內政部「在輿論要求打房壓力下，推出合宜住宅政策，立意良善，但執行過程，卻只見犧牲人民權益、圖利財團，換取短暫的改革虛名」。然而，民進黨執政後，做法卻變本加厲。

二

為什麼選在這裡開發？

二〇〇九年十一月二十六日，內政部在現勘機場捷運沿線土地後，認為A7站周圍有較多農業區、保護區，適合開發。這種評估方式，彷彿那是一塊荒地。而且，計畫書談的都是城市發展、可獲得多少開發利益等等，至於有多少人住在這裡、他們的生活如何、徵收對他們有什麼影響等等，卻隻字未提。

實際上這裡有一百九十五公頃是私有地，占總開發面積八六%，都是世居多年的土地，卻沒有人來問他們的意見。而且，徵收程序非常快，快到居民措手不及，別人也來不及聲援，從選地到都市計畫通過，只有七個月。

二〇〇九年十一月二十六日，現勘選地。

二〇〇九年十二月二十九日，內政部向行政院長吳敦義簡報獲同意。

二〇一〇年三月十日，行政院核定。

二〇一〇年四月三十日，都市計畫公展。

二〇一〇年六月二十九日，都市計畫通過。

之後，依照《都市計畫法》第二十七條第一項第四款，辦理迅行變更。也就是都市計畫變更，不必受《都市計畫法》第二十六條第一項約束。（都市計畫發布實施後，不得任意變更，只能在每三到五年通盤檢討一次。）

依這項規定，有四種情況可以迅行變更，第一、二款屬於緊急情況，包括因戰爭、地震、水災、風災、火災或其他重大事變，遭受損壞時，或避免發生重大災害發生。這種情況的變更，是為了快速復元需要，可以理解。

但其餘兩款則曖昧不明，第三款：為適應國防或經濟發展需要，第四款：為配合中央、直轄市或縣市興建重大設施。何謂國防或經濟發展需要？何謂重大設施？卻由政府片面認定，變成行政機關任意擴權的依據。

內政部另外依《土地徵收條例》第四條第六項，授權訂定的《區段徵收實施辦法》，採取「先行區段徵收」。區段徵收原本應該是，在都市計畫引導下的一種開發方式，但卻允許都市計畫擬定或變更完成前，就先區段徵收。

這些做法都是行政機關為了圖行政便利，爭議在於，都市計畫如果還沒擬定或變更完成，表示這項計畫還沒有確定，先徵收就沒有正當性。而且如果最後確定的都市計畫，與徵收不相符，又該如何補救？

這些導致 A7 站開發程序混亂交錯。甚至在二〇一一年七月二十七日，內政部土地徵收小組審查通過前三個月，四月二十八日合宜住宅就招標，接著六月二日產專區招標，這就是日後引發爭議的「預標售」。

二〇一一年八月三十一日，廖本全投書媒體，三問吳敦義：

一、本案的必要性、公益性是否已經評估？請公開評估機制、程序、標準與分析結果，以及所有相關會議紀錄。

二、本案尚未完成區段徵收作業，即預標售私人土地，是誰的政治決定，迫使文官體制無奈執行？

三、本案合宜住宅目前已預標售，產專區則流標。預標售是對基本人權的侵犯，其法令依據為何？若無法令依據，憑什麼處分私有財產？

內政部回應，預標售是為了確保合宜住宅、產專區有廠商願意進駐，避免開發後，沒有廠商願意投資，導致政府投資無法回收。

這種說法完全站在政府自己的角度，沒有考慮人民的立場以及感受。而且反過來說，一旦土地預標售出去，就會逼迫區段徵收非做不可。

二〇一二年七月五日，監察委員黃煌雄糾正行政院，「土地尚未徵收前，即預標售產業專區、合宜住宅用地，有違公平正義。」他並強調，「即便行政院有特定政策考量，仍應嚴守土地徵收條例規定，在土地所有權人的權利義務終止後，再辦理標售，保障人民財產權。」

三

黃世雄的老家從一九四〇年代，就在牛角坡入戶，一九七〇年代因為林口特定區計畫，將這裡納入新市鎮計畫區而禁限建。土地開發受阻，很多地主以每坪五、六十元，租給工廠或物流中心，雙方約定，地上物由租屋者蓋，十年後產權歸租屋者所有。這個約定持續了四十多年，直到二〇一〇年三月，黃世雄的太太徐玉紅，從報上看到牛角坡要被徵收的消息。

「我去問仲介，他說你們這裡要徵收了，你不知道嗎？我說不可能，他說是真的。我去問村長，村長說沒有。」徐玉紅說。

其實村長早就知道了，他的支持與否將決定徵收成敗，後龍科技園區就是因為灣寶里里長謝修鎰站在里民這邊，並說出：「只要我的里民有一个反對，我就徛佇反對這爿。」最後才能里民同心抗爭成功。日後洪箱常提醒：「里長一定愛選家己的人較有保障。」但牛角坡的居民，運氣沒有這麼好。

二〇一〇年四月二十八日，都市計畫公展前兩天，徐玉紅逼村長交出土地所有人名單，她發出一千多封信，請大家出來抗爭，其中七、八百人回信同意參加。等到六月二十九日都市計畫通過，願意抗爭的只剩一百多人。

內政部要求他們，二〇一一年六月九日前交出土地權狀，徐玉紅說：「政府要徵收你的土地，哪需要你同意？這是故意羞辱人民。這裡有許多違建，地上物補償是合法建物的七成，如果交土地權狀且自拆建物，還可以多拿三成獎金。不交，就不給你配地，只能依公告地價徵收。」

一、二天前，她召集鄰居信心喊話：「雖然我沒有把握，但我會想辦法讓你們的家保留下來，請大家繼續堅持下去。」

不過隔天很多人都去交了，「如果當初有更多人堅持下來，就可以畫一塊農專區，一直跟大家說不要交，堅持下去就可以保留，但沒有人相信。」

牛角坡平常很熱鬧，門都不用關，突然房子一間間拆掉了，還經常斷電。徐玉紅每次出門，都擔心回來會不會房子被拆了，或像有的都更案發生火災。加上不斷收到限期搬遷通知單，她也一度失去信心。

最後只剩黃世雄家沒去交土地權狀，鄰居朋友都來勸他們不可能成功的，先把祖先牌位請到別的地方比較好。「後來我先生瞞著我去交了權狀，但我愈想愈不甘心，為什麼要給政府踩到底？就威脅他，不去把權狀拿回來，我就從樓上跳下去。不得已，他就去把權狀拿回來，整個過程很痛苦。」

「那時候也不願意抗爭，我先生說小孩還小，你一直跟他拚，萬一發生意外怎麼辦？」對於要不要抗爭，徐玉紅一度也很猶豫，抗爭勞心勞累又常被抹黑，成功機率又很低。但就像洪箱說的，就這麼接受又不甘心，不甘心就努力一點抗爭，「最壞的結果就是被你拆了，想通之後，人就輕鬆了。」

四

二〇一一年七月二十七日，內政部土地徵收小組開會，沒有被通知的一百多位地主趕到現場，但連同田秋堇、廖本全、記者都被擋在門外。依照規定，這個小組必須審查徵收必要性，但通常沒有，這次也很快就通過了。

即使到了這個階段，徐玉紅跟幾位鄰居還不放棄，八月十一日，他們把祖先牌位、香爐帶到監察院陳情，將寫著「搶劫農地、天怒民怨、誓死捍衛土地正義」的白布條，掛在監察院的欄杆上。

「請問我們的行政院長吳敦義，我們的馬英九總統，我們的江宜樺部長，告訴我們，預標售，預標售是什麼？我們堅決反對政府，不合理預標售我們的土地，把我們私人的土地賤賣給財團，當我們是什麼？」那時還滿頭黑髮的徐玉紅，經過這場土地徵收，不到幾年，黑髮已全部染白。

更讓她心痛的是，平常和睦相處的鄰居反目成仇，有人向地主租地蓋屋，還不到十年約定期限就遇到徵收，地上物補償是發給地主、不是承租者，雙方產生糾紛互告。其他家族共有土地的糾紛就更多了。

徵收也改變很多人的命運，少數擁有大面積土地的人，雖然土地只能配回三、四成，但賣掉後一夕致富。只擁有一點點土地的人無法配地，評估賣給建商比徵收價格好，很早就把土地賣掉，離開世居的地方。

影響最大的是那五百多家工廠員工，工廠關了，他們也跟著失業，很多上了年紀的人，再找工作相當困難。二〇一七年九月，桃園市長鄭文燦在A7站公共工程峻工典禮致詞時說：「當時開發說要照顧中小企業，但原本的五百多家工廠卻被全部趕走，這個計畫跟創造就業相衝突。」

不過鄭文燦任內，卻推動完成史上面積最大、影響人口最多的區段徵收案「桃園航空城」。這個計畫是前總統馬英九「愛台十二建設」其中一項，二〇一一年四月，行政院核定「桃園國際機場園區綱要計畫」，興建第三跑道、第三航廈、自由貿易港區，徵收二七〇四公頃土地。

之後，桃園市政府再以這個計畫為核心，擴大外圍徵收，訂定「桃園國際機場園區及附近地區特定區計畫」。第一期，一三〇八公頃。第二期，五五二公頃，連同前一個計畫，總計徵收四千五百多公頃土地。

政府不斷從區段徵收創造新名詞、新做法，A7案創造「預標售」，桃園航空城創造「蛋黃區、蛋白區」。蛋黃區指「桃園國際機場園區綱要計畫」，蛋白區是「附近地區特定區計畫」，這些都是為了合理化區段徵收。

五

為了讓更多人知道牛角坡的遭遇，黃世雄、徐玉紅決定走出去，只要有土地徵收的抗爭場合，他們就去參加。徐玉紅說：「我就跟發瘋一樣四處奔走，認識其他自救會的人，大埔、灣寶、文林苑、南鐵……。我不是很外向的人，在人前講話怕得要死，邊講邊發抖，但就是要一直講，讓人家知道。」

他們也持續到總統府、行政院、立法院、內政部陳情，但都得不到回應。曾經找律師被騙，有的評估她的案子勝算不大拒接，「我最大的感觸是，當你很弱勢時，你周圍的世界對你也不友善。」徐玉紅嘆了一口氣。

徐玉紅個子很小，飽滿的力量，讓她變強大，有一次她去聲援南鐵東移，警察對她舉牌，她毫無懼色，「台南市政府不要黑箱作業，人民有發聲權利，政府不要一再用優勢警力對付民眾，這樣很不道德。」

二〇一三年四月，徐玉紅雙手拿著「祖土祖厝、不拆不賣」的牌子到內政部陳情，剛好遇到內政部長李鴻源，徐玉紅走向前跟他說：「您的母親是從牛角坡出來的，希望您回去看看外婆的故鄉，變成什麼樣子了。」

後來徐玉紅擔任公督盟志工，常到立法院，有一次內政委員會審查，中場休息時，她走到李鴻源面前，把陳情書交給他。李鴻源隨即把營建署長葉世文找來，將陳情書遞給他，請他處理，但一直沒有下文。

冥冥之中有很多人幫忙，一位地政學者主動拜訪徐玉紅，對她的情況深表同情，有一次當面跟李鴻源說，這是一個違法的徵收案。過了很久，內政部地政司有人來找徐玉紅協調，她的土地保留案，終於出現轉機。

二〇一三年十二月，在《蘋果日報》記者陳玉梅的訪問中，徐玉紅說：「我永遠記得徐世榮教授，陪我們去跟內政部地政司溝通，教授一直求官員幫我們設想，說一定可以找到一條路。那時覺得好悲哀，這是我們的財產，我們卻要這麼沒尊嚴地拜託官員。徐老師是地政學者，完全沒有利益關係，卻這樣為我們卑躬屈膝，這讓我下定決心，一定要堅持下去。」

二〇一四年七月內政部確認保留範圍，黃世雄保留約八百坪土地，家族共有的老厝已經變成產專區，他們花了一百多萬元，將老厝移到保留的土地上。旁邊一棵苦楝無法移過來，砍下來做一張桌子，放在老厝客廳。

導演鄭慧玲拍攝的紀錄片《覆巢》，是紀錄老厝遷移的過程，片中導演問黃世雄：「你們可能蓋一棟新的，比較快又便宜。」

黃世雄說：「是啊，但是那個意義不一樣，你的記憶啊各方面，還有你在那邊生長的，不一樣啦，因為你所有的回憶，都在那裡啊。」

老厝遷移完成後，二〇一九年九月十四日，黃世雄、徐玉紅在這裡辦《覆巢》放映會，邀請許多好朋友相聚，洪箱全家出動，還帶來五十斤湯圓。

那天來的，還有社子島自救會的李華萍、王木琳、柯振學等人。半個月前的八月三十一日，台北市政府在社子島福安國中，舉辦拆遷安置說明會，洪箱跟徐玉紅到場聲援，第一次見到社子島居民。類似那次跟洪箱不期而遇的場合很多，她總是一腔熱血，看到消息，不等人邀請，就跑到現場聲援。

紀錄片放映前，黃世雄站在徐玉紅身邊，拿起麥克風，心情有些激動，「這十年來，我們兩夫婦真的很辛苦，希望政府能愛惜這塊土地，不要想做什麼，就跟財團搞在一起，到時候犧牲的是誰？都是我們一些小老百姓。」

這塊牛角坡唯一保留下來的綠地，為牛角坡留下最後的記憶。它的周圍已蓋起大樓，售屋廣告還註明面向千坪花園。黃世雄幾乎天天回到這裡，在老厝泡茶，在空地種菜，這裡是他身心安頓的淨土。

「政府都汙衊反對徵收的人，是因為補償不夠才抗爭。如果我們要錢，這些地可以賣很多錢，何必這麼辛苦跟它拚？」徐玉紅說。

然而，他們的生活並不是從此平順，反而干擾不斷、讓人心煩。

六

二〇一八年六月五日，行政院長賴清德到牛角坡，參加「郵政物流園區新建工程」動土典禮，園區位置在黃世雄保留下來的農地正對面，他走過去才剛拿起相機要拍照，就被警察粗暴對待，導致右側肩帶扭傷。

「昨天一早八點多，我家門口就來了二、三百位警察，我一走出家門，就有六、七個跟著我。我家門口是新開的四十米道路，我只是想過去拍照，有機會的話想跟賴院長陳情。我帶著相機穿越道路到對面人行道，還沒進入園區，十幾個警察就跟在我旁邊，聽到有人下令『抓走抓走』，接著警察把我抓起來騰空，我用力掙扎後重摔落地，皮帶頭都掉了。」

黃世雄在記者會中聲淚俱下，「我一個小老百姓想拍個照，警察為什麼要這樣對我？我們做錯什麼？為什麼警察這麼粗魯對我？」

那天徐玉紅看到黃世雄躺在地上臉色發白，急著要過去幫他，卻被另一批警察團團圍住，不讓她過去，還有空拍機在他家上空拍攝。徐玉紅感嘆：「我們住在那裡很害怕，這種情況如果一再發生，我們要怎麼辦？」

洪箱說：「行政院長若好好仔做，一个郵政園區動工，是按怎需要二、三百个警察共伊保護？蔡總統選舉以前去大埔，講遐不公不義，但是恁這馬執政矣，做的有比過去國民黨較少無？當選彼天講欲謙卑再謙卑，我聽了感覺足諷刺，民進黨可能是千杯飲濟已經茫矣，講過的公平正義攏無準算。」

如今這片土地到處是蓋好的、或正在蓋的大樓，短短幾年，房價從每建坪二十萬、三十萬、漲到五十萬。打著合宜住宅進行的區段徵收，最後淪為土地炒作的工具。然而，政府沒有檢討缺失，反而擴大這種開發模式。

二〇二三年十二月，行政院通過內政部所提「推動社會住宅成果與提升社宅用地供給精進措施」，未來區段徵收、市地重劃，要專案讓售三%～五%土地給中央蓋社宅。這等於複製A7站的開發模式，助長政府以蓋社宅之名，擴大區段徵收與市地重劃，製造更多居住不正義。

結語

從機場捷運A7站，可以看到政府圈地的手法，愈來愈扭曲變形，而且不斷創造新做法、新名詞，合理化區段徵收。例如「預標售」，在土地徵收程序未完成前，就預標售人民土地，與法不合。

另外還有「都市計畫迅行變更」、「先行區段徵收」等等，都是政府便宜行事、傷害人民權益的做法。已經有許多學者提出質疑，這些在未來都必須進一步檢討，同時要求立法院修正相關法條，保障人民權益。

第六章
社子島

民調顯示多數居民反對全區區段徵收，要求解除禁限建、原地改建，但台北市政府都不聽，一直在推它的既定計畫。

——李華萍

一

社子島在台北市士林區延平北路七到九段，是一塊隔著淡水河，與新北市蘆洲遙遙相望的葫蘆形土地。很多人覺得它在城市邊陲，但其實距離熱鬧的士林夜市相當近，交通也很便利。搭台北捷運淡水線，在劍潭站、或士林站下車，轉搭公車約二十分鐘，就會進入社子島，路的盡頭，是島頭公園。

社子島因位在淡水河、基隆河交界，形成獨特的水岸景色，黃昏時的島頭公園風華絕色，但走進島內，卻是完全不同的景象。

台灣的防洪工程始於日治時期，光復後，在發生兩個重大水災：一九五九年八七水災、一九六三年葛樂禮颱風之後，政府才意識到防洪的重要。一九六五年頒訂經建長期計畫、一九六七年成立河川治理規畫總隊。

一九八〇年起的十二項建設、十四項建設、六年國建等多項經建計畫，持續編列預算改善農田排水、區域排水，以及河堤、海堤防洪工程。第一個被列為專案整治的是淡水河，從一九八二年到一九九九年，共投入一千一百多億元，推動「台北地區整體防洪計畫」。

這個計畫在淡水河、以及三條重要支流興建堤防，另外在大漢溪、新店溪合流處的天然疏洪地區，開闢二重疏洪道。再搭配排水幹線、抽水站等設施，淡水河左岸的三重、蘆洲，淹水情況大為改善。

然而，社子島卻在這個防洪計畫中，成為被遺忘的島嶼。一九七〇年經濟部評估「台北地區防洪計畫」時，認為社子島地勢低窪，容易發生水患，評定開發價值低，畫為限制發展區，自此長達五十多年的禁限建。

長期禁限建，讓社子島維持難得的素地風貌，但也造成居民生活不便，房屋老舊增修建困難、違章工廠林立、卡車進出空污嚴重，還有廢棄物亂倒、公共設施不足等問題。城市中習以為常的超商、藥局，在這裡也難得一見。

一九六三年五月，石門水庫開始蓄水，當年九月就遇到葛樂禮颱風侵襲北部，大漢溪流量超過每秒一萬立方公尺，是平常的兩倍，石門水庫第一次洩洪，卻造成台北市大淹水，社子島連淹三天三夜，災情慘重。

到了一九七三年，社子島終於有了標高二．五公尺的社子、中洲及浮州防潮堤，一九七八年配合基隆河洲美防潮堤興建，再提高到四公尺。

一九八四年「台北地區防洪初期計畫」完成後，社子島對岸的三重、蘆洲已達到二百年防洪標準，台北市政府評估，這會增加社子島的淹水風險，建議應該比照相同標準。但行政院回覆，為了發揮台北防洪計畫整體功能，社子島堤防不宜再增高。這讓居民有相對剝奪感，陳情要求解除禁限建，但並沒有被接受，只同意將堤防提高到六公尺，直到現在。

二

不只居民覺得社子島應該改變，歷任台北市政府，也有同樣的想法。

二〇〇五年「員山子分洪道」啟用，大雨時將基隆河洪水，經分洪道排入海中，降低基隆河水位，自此基隆河下游地區就很少淹水。而社子島有了六公尺堤防，再加上十多座抽水站，河川溢流已經大幅減少。

偶有豪雨造成積淹水，主要是區內排水設施不足，此時如果社子島能解除

社子島被禁建五十多年後，迎來區段徵收，二〇二一年十月八日居民到內政部抗議，洪箱（右）到場聲援，左為社子島自救會王木琳。

禁限建，畢竟當年禁限建的理由已不存在，政府把區內排水設施做起來，居民修理住家，提高防洪設施，社子島的淹水風險，就能大幅改善。

但歷任台北市政府不這麼做，而是傾向所謂「整體開發」的區段徵收，同時將解除禁限建，跟區段徵收綁在一起。然而這是不相干的兩件事，解除禁限建，是為了解決環境長久失修的問題，這是政府的責任。區段徵收，卻是把環境改善的責任，由居民承擔，他們要平白奉獻六成土地給政府。

很不幸，如今在禁限建地區實施區段徵收，變成政府常用的手段，而且背後還有建商積極操作，包括社子島、A7站，很早就有建商在收購土地，區段徵收成就他們的開發利益，卻犧牲了人民。

社子島的區段徵收，最早出現在一九九三年一月，修正的都市計畫主要計畫中，之後因居民陳情反對暫緩推動。接著在公元二千年重擬都市計畫，主要計畫在二〇〇二年通過，二〇一〇年行政院核定防洪計畫修正案，台北市長郝龍斌在隔年公告都市計畫，但最後因為沒有通過環評而暫緩。

二〇一四年柯文哲上任後，提出「生態社子島」、「運河社子島」、「咱的社子島」三個開發方向，二〇一六年二月二十七、二十八日進行 i-Voting，社子島居民投票率三五・一六%。全部台北市民投票，有六成選擇「生態社子島」，北市府依據這個方案，重擬細部計畫、並修正主要計畫。

三五%的投票率，能否代表社子島居民的意願？社子島自救會王木琳說：「這是市政府作弊。」他提供另一個數據，社子島有一萬一千一百三十五人，其中四千二百十六人，連署反對區段徵收，占三七・八%，比 i-Voting 投票率三五・一六%還高，「市府絕口不提對他們不利的事情。」

依二〇二四年市政府的版本，「生態社子島」都市計畫面積三〇二・一公頃，高保護範圍二四〇公頃，堤防提高到九・六五公尺。

開發範圍包括福安里、富州里、以及部分永倫里，總計五千一百多戶、一萬一千多人。區段徵收面積二百七十八・八八公頃，其中八八・七%、二百四十七・三八公頃，是私有地，總計八千八百多位地主。

社子島變更都市計畫的法令依據，是《都市計畫法》第二十七條第一項的第二、四款。二十七條第一項在 A7 站也用過，這項是都市計畫發布實施後，可以迅行變更的四種情況。A7站用的是第四款「為配合中央、直轄市或縣市興建重大設施」，社子島開發還加用第二款「為避免重大災害之發生」。

社子島開發需要經過四項審查程序：防洪計畫、都市計畫、環評審查、徵收計畫。其中防洪計畫，行政院在二〇一九年十二月十二日修正核定。

都市計畫的主要計畫，內政部都委會在二〇一八年六月二十六日通過。接著由台北市政府審查細部計畫，二〇二〇年二月二十八日審查前，社子島自救會舉行記者會，訴求「九大聚落全部保留、反對區段徵收」。

但市政府卻在之後的程序，包括環評、聽證、都市計畫等等，導向安置、補償，並以提供補償，合理化區段徵收。但所謂的安置、補償，卻是要居民捐出六成土地，很多人因此必須承受貸款壓力、或被迫離開家園。

自救會召集人柯振學說：「剔除區段徵收的條件太嚴苛，面積不得小於五百平方公尺、要完整區塊、要鄰接計畫道路現有巷道、土地及建物所有人百分之五十同意、道路及水電自行負責。這種苛刻手段，是要我們居民去死嗎？」

自救會陳寶貴說：「我們就像台北市的孤兒，被遺忘了五十年，市長說對不起居民，為什麼只憑一張開發通知單，就要從居民手中，搶走百分之六十的土地？如此殘暴的計畫，是被禁限建五十年的居民，應得的嗎？」

雖然抗議連連，但二〇二〇年四月二十三日，細部計畫還是通過了。兩個月後送內政部土地徵收小組審查的「開發範圍及抵價地比例」，直到二〇二二年十二月，柯文哲卸任還沒通過。社子島開發案，又傳到接任的蔣萬安手中。

三

環評的部分，從二〇一七年二月開始審查，有了郝龍斌時代環評沒過的經驗，這次北市府要求自願進二階環評。乍聽之下有點奇怪，開發單位都希望爭取環評一階就通過，為什麼會自願進二階？

依環評規定，開發案如果對環境有重大影響，環評委員可以決議進二階環評。二階的環境調查項目很多，至少二年內不會通過，有些業者聽到進二階就放棄了，例如第十二章提到的「高雄馬頭山掩埋場」。不過這是由環評委員審查後做出的決議，並沒有開發單位自願進二階的選項。

但有些開發案在一階環評審很久，最後還是進二階，浪費許多時間。後來有業者爭取自願進二階，環保署也配合修法，增加這個選項。

二〇一八年七月七日，北市府在富安國小，舉行二階環評現勘及公聽會。居民陳朝燦在會前記者會說：「政府過河拆橋，為了大台北不淹水，我們要淹水。現在大台北不淹了，我們這裡要開發，犧牲我們，拿社子島賺錢。」

來聲援的陳致曉說：「解除禁限建，跟區段徵收不必綁在一起，這個開發案，是為了讓財團開發，不是要照顧居民，否則沒道理百姓要建設不准，要讓建商開發，才能解除禁限建，邏輯非常荒謬。」

他還質疑：「以前要禁限建是因為會淹水，但淹水原因有探討嗎？現在是因為區內公共設施不足，水排不出去。大家都有繳稅，做好公共建設，把水好好排出去，本來就是政府的責任，跟區段徵收完全不相干。」

台北市工務局水利工程處副處長吳秋香回應：「很多人講內水排不出去，為何不做公共建設？因為社子島沒有都市計畫道路，讓水利處去做側溝跟雨水下水道系統，是透過臨時抽水站，這就是大雨來一定會淹水的原因。」

然而，為了施工方便，要區段徵收人民土地，在邏輯上也說不通。何況，即使有都市計畫，也不一定非要區段徵收不可，行政就可以做的事很多。

另一方面，北市府在都市計畫的細部計畫、環評都還沒通過前，就啟動徵收計畫，二〇一九年四月十三日舉辦「拆遷安置計畫聽證會」，二〇一九年八月三十一日舉辦「拆遷安置說明會」，都遭到居民強力杯葛。

李華萍說：「社子島很美，你可以說它落後，但我們住得很開心很滿意。民調顯示，多數居民反對全區區段徵收，要求解除禁限建、原地改建，但台北市政府都不聽，一直在推它的既定計畫。」

王木琳說：「農民收成地瓜葉，一天可以賣二、三千元，比上班還好。」他還提到島內工廠員工的就業權，「這裡還有二百多家工廠，至少四千多名員工，把這些工廠全部砍掉，那四千多人要怎麼吃飯？」

台北大學都計所教授廖桂賢，在二〇二〇年八月十九日二階環評審查會中說：「這不是要解決社子島的問題，是要把這些人全部解決掉。五十年來他們受到不公平待遇，如今要改善他們的現況，卻可能把他們掃地出門。」

她也反對談區段徵收合理性前，就先談安置，並強調：「自救會要求的，不是更好的安置條件，是反對滅村型的徵收，大部分居民，無法負擔專案住宅租金或房價，台北市政府至今，沒有跟居民有效溝通。」

李華萍則提到，家戶訪查完成度只有四八％，其中四二％反對，只有三・六六％贊成區段徵收，「沒有民意基礎的開發案，如何走下去？」

九月三十日舉行延續會議。福安里里長謝文加，提到針對他的罷免案，讓他深受委曲。「我為弱勢里民發聲，他們要罷免我，你看可惡嗎？我當了十四年里長，從頭到尾都說拆遷安置，是有條件開發、不是不開發。」

他接著說：「社子島弱勢家庭很多，低收、中低老人，總共三百九十六個家庭，如果要揹負千萬房貸，不能有棲身之所，能不抗議嗎？社子島因為大台北防洪，被禁限建五十年，只想爭取跟台北市民，同樣的保護標準，繼續在這裡安身立命。要開發可以，但要把衝擊減到最低。」

二〇二〇年十二月，罷免案沒過，謝文加挺過罷免，二〇二二年再度當選連任。這個罷免事件，也可以視為居民對區段徵收的投票。

富洲里里長陳惠民則說：「社子島的土地都是共有，有屋無地一千多人，不用區段徵收，那些人完全沒有安置希望。我支持開發，弱勢要照顧好，社子島已經落後台北五十年，要讓後代子孫有希望。」

二階環評經過五年，最後在二〇二三年一月十九日通過。

四

台北市副市長黃珊珊卸任後，二〇二四年轉任民眾黨不分區立委，四月二十九日，她跟民進黨立委王世堅到社子島開會。一到場，自救會拿出充氣汽球，邊踢邊對著他們喊：「王世堅，滾蛋，黃珊珊，滾蛋。」社子島促進會則出動不少人聲援他們，最後在混亂中取消會議。

王世堅在警察護衛下離開，聽到自救會對他喊「王世堅滾蛋」時，停住腳步，回頭用雙手圈起嘴回嗆：「自救會滾蛋」。接著又說：「這些人最可惡，耽誤社子島開發。王世堅來的時候你就來，夠膽大家在這邊碰面。」

快走到座車時他又說：「社子島民已經有百分之九十八同意開發，這個開發叫做生態社子島，是一個低密度開發，要還社子島民一個公道。」

聽他這麼說，記者都楞了一下，王世堅當市議員時，常常槓上柯文哲，這次卻肯定柯文哲的生態社子島，還說這是一個低密度開發。平常不同黨派，動不動就交相開火，遇到土地開發，卻能一抿恩仇、有志一同。

到場聲援自救會的徐世榮說：「區段徵收要求範圍內的土地所有權人，捐獻百分之六十到七十土地給政府，全世界宣稱的民主國家，早就在二十世紀初就廢止區段徵收，台灣到現在還在實施，非常可恥。」

他還強調：「區段徵收掛著合作開發名義，實質是土地徵收，這是剝奪人民依《憲法》第十五條，擁有的財產權、生存權、工作權，自救會朋友勇敢站出來，是要捍衛原本憲法應該幫他們保障的基本人權。」

李華萍說：「不論黃珊珊、王世堅、蔣萬安市長，都曲解我們反對區段徵收的意見。我們是談聚落保留，要留在自己的家園，我們不是國內難民，不需要被安置。」她還呼籲內政部駁回「開發範圍及抵價地比例」審查。

社子島因採取「先行區段徵收」，依《土地徵收條例》第四條第二項，必須由內政部審查開發範圍。另外，由於抵價地總面積設定為四〇%，依《土地徵收條例》第三十九條第二項，要審查抵價地比例，兩者合併為「社子島區段徵收開發範圍及抵價地比例」，由內政部土地徵收小組審查。

如果這項審查通過，就繼續審查徵收計畫。徵收計畫通過，再連同防洪計畫、環評決議，送內政部核定都市計畫，之後都市計畫發布實施。到這裡，整個區段徵收計畫的行政程序就完成了。

「開發範圍及抵價地比例」，二〇二〇年六月二十三日送進內政部土地徵收小組，柯文哲任內審查過二次，沒有通過。第二次審查，是蔣萬安上任一年半後的二〇二四年六月十八日，跟過去兩次一樣，居民對區段徵收歧見仍深，內政部也做出跟前兩次相同的決議，要求北市府跟居民繼續溝通。

會前自救會、促進會雙方都動員居民到場，場外警察還可以把雙方隔開，但在場內面對面就不時爆發衝突。兩位意見不同的里長坐在一起，面無表情、沒有交談，社子島還沒開發，就已經造成居民情感撕裂。

謝文加說：「社子島為了大台北防洪，禁限建五十四年，我們應盡的義務都照盡，應繳的稅金都照繳，結果是我們得到沒建設。」

他接著說：「社子島有上千戶有屋無地，約四百戶中低收入跟獨居老人，還有一些邊緣戶，只拿到幾十萬、幾百萬補償金，付得起照顧宅嗎？」

陳惠民則認為：「社子島百分之九十以上是私有地，唯有區段徵收才能解決地目複雜問題，不開發又不解除禁建，社子島這些五、六十年，六、七十年的危老房子，遇到地震出人命，是內政部、還是北市府要負責？」

那年四月三日上午七點五十八分，花蓮縣壽豐鄉發生規模七・二地震，全台都感受到不小的震度，老舊房子的安危，再度受到廣泛關注。不過社子島的危老房子要改善，跟要不要區段徵收，不能混為一談。

李華萍則強調：「我們要無條件剔除區段徵收範圍，但北市府卻設定非常嚴苛的條件。」之前提出的三個剔除條件，只有四處可以剔除。這次提出的修正案，去除前兩項條件，保留不影響主計畫及防洪計畫，另外再加三個條件：不是空地、所有權同意比例大於十%、不是連棟建物，這樣就增加到二十七筆可以剔除。但九大聚落，市府跟居民指認的地點不同。

台北市地政局長陳信良說：「工程分兩期，聚落在二期，我願意進一步溝通聚落怎麼留，是不是先讓區段徵收範圍跟抵價地比例確定下來後……。」

他話還沒說完，就被李華萍、廖桂賢制止：「不行不行不行。」主席接著說：「這不是局長說了算，這是他的期許。」但半年後的十二月二十五日，第四次審查通過了，至此，所有相關審查已接近尾聲。

五

這次審查會，台北市政府提出一份財務計畫，估計開發費用二三四一・九八億，開發收入二二〇四・四三億，虧損一百三十七・五五億，淨現值則虧損四百四十一・二八億，自評「不具財務可行性」。

市政府說，虧損主要是地價補償、專案住宅營建成本、貸款利息上漲。未來要從平均地權基金補貼，不夠的話，再跟市府其他基金借，再不夠就向銀行貸款。預計二〇四三年完成開發，總計十八年。

立刻被財務虧損風險連累的，是想剔除區段徵收的地主無法如願。前項財務估算，是以抵價地比例四〇%為前提，抵價地比例越高，虧損就愈多。因此面對居民要求「無條件剔除區段徵收」，市府回應：「沒辦法，這樣財務風險會更高。」只同意在限定條件下，剔除極少部分土地。

一位居民在會中說：「公共建設是我們繳納稅金，政府編預算去做，竟然有國家是靠販賣私人土地獲利，來籌公共建設經費。而且，防洪是供不特定人使用，市府卻一直曲解只有社子島人受益，所以你們活該要被區段徵收。」

另一位居民說：「市府只會拍照說社子島多亂多髒，馬上可以改善的事卻沒人在管，不懂市府在幹什麼。一直強調區段徵收才能改變社子島，我有房子卻搞到要去貸款，依照這個理論，全台灣是不是都該區段徵收？」

這些年來，社子島自救會這麼努力，參與了幾乎每一場環評會、都市計畫委員會、公聽會、說明會、聽證會，但社子島的開發程序，還是一關一關過，見證在政府刻意設計的程序下，公民想要推倒高牆，有多麼困難。

不論中央或地方，之所以熱愛「區段徵收」，無非是可以平白從人民手中拿到六成土地。該編列預算的公共建設，不必花一毛錢，剩餘的地，再賣給建商，扣除開發費用，政府還能大賺一筆。

這種所謂「自償性開發事業」，是建立在搶人民土地的基礎上，但卻假裝不知道，「自償」並不能成為徵收公益性的理由。

但對居民來說，卻是一場大災難，土地要被迫捐出六成給政府，即使負擔得起、也贊成區段徵收的人，也會感到心痛。一位促進會居民說，的確損失很多，但他願意，否則社子島永遠沒有開發機會。

但更多居民可能連配地資格都沒有，或需要貸款向政府買回部分土地，補足面積，才能繼續留在社子島，但並非人人負擔得起。還有，社子島內的二百多家違章工廠，開發後也會像Ａ７站一樣被鏟除，員工跟著失業。

區段徵收問題這麼大，有什麼可行的方法可以改變？徐世榮說，過去呼籲廢除區段徵收，但這個目標短期內難以實現，他建議修正以下兩個法令。

一、《都市計畫法》第十九條第一項，將「在主要計畫擬定『後』舉行說明會，改成「在主要計畫擬定『前』舉行說明會」，讓居民在都市計畫擬定階段就參與，政府也提早溝通，就可以減少後續爭議。

二、無條件剔除不願意參加區段徵收的土地所有人，讓贊成者、反對者各自依照自己的情況，選擇是否參加區段徵收，問題就可以解決大半。

如今社子島開發眾所矚目，很多學者投入聲援，他們期待社子島開發，擺脫僵化的都市計畫思維，不是把農地變建地，就叫做開發。更重要是，政府應破除以區段徵收做無本生意的企圖，畢竟開發是讓居民生活更好，不是讓政府發財。實質上符合公共利益的開發，才能獲得市民支持。

結語

社子島是一個為配合大台北防洪，被禁限建五十多年的地方。長期禁限建產生許多環境問題，要改善這些問題，第一件事，就是回到問題原點，解除禁限建，讓政府把基礎設施做起來，民眾修建家園。

但台北市政府，卻採取對自己最有利的區段徵收，同時跟解除禁限建綁在一起，而且為了取得更多土地，在限定條件下，只同意剔除三十筆土地。

社子島最後留下的爭議，還是「區段徵收」。要改善環境、做防洪建設，在其他地方，中央不只編列公務預算補助地方，甚至舉債編列特別預算，為什麼只有社子島，非要區段徵收不可？被禁建五十多年，最後換來土地被政府瓜分，面對不確定的未來，這無論如何，無法說服社子島居民。

第三部

市地重劃

第七章 黎明幼兒園

聽到拆屋還地這個名詞我很震撼，土地、建物都是我們的，到底是要拆了還給誰？自辦市地重劃這種惡法，不用廢除嗎？

——林金連

一

台中市南屯區、西屯區，以前是一塊接著一塊的農地，種著各種植物、蔬菜，陽光下綠意盎然，黃昏時人煙穿梭，一片和樂景象。但自從台中市長胡志強、林佳龍、盧秀燕接續在這些地區推動市地重劃，昔日農田被一個個圍籬圈起，農地早已荒蕪，原本住在這裡的人，也早就不知去向。

台中市政府在這兩個區，總計推動十四個市地重劃單元，其中九個自辦重劃、五個公辦重劃，總面積一千四百公頃。這些原本屬於人民的土地，重劃後一部分變成政府、財團的「抵費地」，拍賣後為他們賺進大筆財源。

二〇二四年三月，台中市標售第十三、十四期市地重劃抵費地，就是一個典型的案例。第十三期位於南區、南屯區，面積二二九．五六公頃。第十四期在北屯區、西屯區，面積四〇三．八九公頃，都是公辦市地重劃。

這次得標的抵費地共一萬九百六十坪，總金額八十六．一五億元，一坪大約七十八萬元。有學者批評，這個拍賣價高於開發成本五倍，政府用低價向人民取得土地，再用高價賣給建商獲利，已違反公益性原則。

面對批評聲浪，盧秀燕說：「各縣市都這麼做，為什麼我要被針對？」她還強調，賣地是為了支付二、三萬名孩子的免費營養午餐，替三、四十萬名長輩交健保費，支付五萬名公教警薪水，以及建設道路、維護公園。

這種說法並不合理，這些應該由市政府的稅收支付，不是利用重劃拍賣人民土地而來。但她說的沒錯，其他縣市都這麼做，不只有她。

重劃法令掌握在內政部手裡，不合理的法令不改，人民就會持續受害。但事後內政部長林右昌，不提重劃法令的問題，反而建議台中市撥出一部分抵費地，以成本價賣給中央蓋社宅。政府要蓋社宅，土地來源應該自備，如果用抵費地，等於剝削一群人的土地，去服務另一群人，同樣也沒有正當性。

而這個建議如果成立，似乎合理化徵收，過去內政部開發 A7 站時，就是以蓋合宜住宅為名，但最後用於蓋社宅的面積，只有總徵收面積的五%。

前面提到的那十四個市地重劃單元，最著名的是「黎明自辦市地重劃單元二」，面積一百八十六公頃，位於台中市南屯區黎明新村，原本是新生里、龍潭里、三厝里，住著一千多戶、二千五百多人，是存在三百多年的村莊。

二〇〇八年台中市政府核定這起重劃案時，居民並不知情，萬萬沒想到，財團跟政府聯手，改變了他們的人生。而這起重劃案之所以有名，是因為黎明幼兒園園長林金連，勇於站出來抵抗，過程中受盡折磨、卻始終不放棄。

他的遭遇正可以戳破，政府宣稱地主是「重劃受益者」的謊言，如果像他們說的，重劃這麼好、地主都開心，為什麼有人要反對？而政府切割自辦重劃為「私權」，對爭議不聞不問，也看出對迫遷戶的冷血無情。

二

市地重劃分公辦、自辦兩種，公辦是政府辦理，自辦則是依據《獎勵土地所有權人辦理市地重劃辦法》。從字面意思來看，所謂「獎勵」是政府提供補助，地主評估有利，主動去申請。因此理論上，會去申請的地主，一定都是自願的，法令才會稱參與重劃的地主為「重劃受益者」。

然而自辦重劃的法令卻採取多數決。之前，只要過半數或七位地主，就可以發起成立籌備會，二〇一六年七月二十九日，司法院釋字第七三九號，指這項規定不符合《憲法》要求的正當程序，要求內政部一年內修訂。

之後，內政部才改成「十分之三的地主、且他們擁有的土地面積達十分之三」，才可以發起重劃會，但這個規定依然很寬鬆。而只要「半數以上的地主、且擁有土地面積半數以上」，主管機關就會核准重劃案。那些不同意的地主，就會被迫參加重劃，完全違背自辦重劃的「獎勵」意旨。

而且這個半數決，存在許多操作空間。通常發起自辦重劃的不是地主，而是建商，當他們發現同意率沒有達到門檻，就會透過買地、虛灌人頭以符合規定。另外，針對不願意參加重劃的地主，財團有各種手段對付，地方政府會說那是民間的私權糾紛，它無法介入，導致人民求告無門。

「這是自欺欺人。」徐世榮認為，自辦重劃是政府把公權力釋出給財團，讓他們去徵收，又不需要受《土地徵收條例》約束。「政府聯合財團、地方派系搶奪人民土地，透過都市計畫圈地，掌握半數決，就可以強迫另外一半不同意的人參加，這是何等不公不義。」

另外，官方對市地重劃的定義，也有許多矛盾不合理之處。例如說市地重劃是「將一定區域內畸零細碎不整的土地，加以重新整理、交換分合，供建築使用，再分配給原地主。」就已違背《憲法》保障個人財產的意旨。

首先，誰來畫定「一定區域」？是政府、財團想畫哪裡、就畫哪裡、不需要取得地主同意嗎？什麼又是「畸零細碎不整的土地」？任何私有土地，政府都無權擅自重新整理、交換分合。

而且許多被畫入重劃範圍的土地，原本就有各種用途，例如黎明幼兒園，就是一塊完好的土地，也在經營幼兒園。有些農地，原本就有農民種植維生，為何可以強迫他們，把土地交出來「供建築使用」？

至於「再分配給原地主」，實際上重劃後，地主要負擔一半以上的重劃費用，如果配回土地少於最小建築面積，還要跟政府或財團買地湊足坪數，否則就只能領取補償金離開，形同驅逐，又何來「再分配給原地主」？

三

「我們本來有一千八百坪，當初是我提議設幼兒園的，從民國六十五、六十六年開始招生，幼兒園分ＡＢＣ三區，爸爸離開三年前，把Ａ區六百坪土地過戶到我名下，建物則是七個兄弟姊妹共有。」

林金連坐在幼兒園入口右邊第一間、他的辦公室內，若有所思地說起黎明幼兒園的過往。曾經因為家族糾紛，林金連把他名下的六百坪土地，過戶給幼兒園一位老師，但實質上，土地還是林金連所有。幼兒園目前還在經營，因為教學很有口碑，很多學生畢業後，還回來上安親班。

二〇一〇年重劃會開始告地主「拆屋還地」，很多人受不了恐嚇、折磨，最後都被迫妥協。林金連感嘆，「你不會相信這種事，發生在台灣。」

他提到一位老農，「他不願意重劃，因為他只能種田維生。一開始，重劃會把水源斷掉，再來把土倒在農地上，他一鏟一鏟把土挖掉，堅持不同意。最後建商載大石頭，倒在他田裡，他沒辦法移開，不得已，只好含恨投降。」

還有更悲慘的，「有一個人去重劃會協調，看到裡面都是黑道，壓力大到談不下去，出來後，還沒走到家就倒地而亡。多殘忍啊，我們村裡死了一百多人，前三年就死了將近五十人，簡直抄家滅族。」

有一天凌晨，林金連聽到幾聲像鞭炮的聲音醒來，他當兵時是教育班長，對槍聲很敏感，心想：「不會是槍聲吧？」為了查證，連續幾天騎腳踏車到附近去找，最後在幼兒園後方，找到五個彈殼，他才警覺是針對他而來。

附近的房子一間間拆了，只剩下黎明幼兒園還在，但這塊地，重劃會早就把一半土地，分配給另一位地主。因為林金連堅持不拆除建物，這位地主無法拿到配地，重劃會二〇一〇年告他「拆屋還地」。

林金連說：「聽到這個名詞我很震撼，土地、建物都是我們的，到底是要拆了還給誰？」自此，林金連跟重劃會，展開長期司法對抗。

重劃會告林金連拆屋還地的官司，前幾次台中高等法院都判林金連勝訴。但每次重劃會上訴後都發回更審，二〇一六年六月二十八日，更二審判決重劃會勝訴。重劃會向法院聲請假執行，法院向林金連發出執行命令，要他在十月二十五日前自行拆除。但他不屈服，法院再通知十一月二十一日要強拆。

假執行對被告很不利，林金連的建物補償費二千五百萬元，提起假執行的重劃會，只要繳三分之一，也就是八百多萬元，就可以強制執行拆他房子。但林金連要反擔保，就得繳全額二千五百萬元。

「百姓很可憐，他只要告你，你就怕了，我光訴訟費就花了幾百萬，怎麼可能再拿二千五百萬擋拆？」他決定向剛就任半年的蔡英文總統求援。

半個月前的十月十六日，蔡總統出席台中鐵路高架化第一階段通車啟用儀式，林金連跟大智慧學苑自救會、石岡自救會，一起到現場跟她陳情。

蔡英文為了展現親民風範，不但走出會場接受陳情，還將跪在地上的林金連扶起來，並對他說：「你的事情我知道了。」林金連非常感動，心想幼兒園有救了，這次遇到強拆，他相信蔡總統一定會替他作主。

沒想到，十月三十日林金連到蔡總統住處求見，不但見不到她，還被警察驅趕，讓他非常失望，接著不知去向。隔天有人發現他坐在總統府旁的台灣銀行角落，喃喃自語要見小英，徐世榮趕過去抱住他，林金連才醒過來。問他何時離開蔡總統住處、又如何到台灣銀行？他一片空白。

之後想見蔡總統，難上加難，「她剛當總統時很好，後來就變了，要接近她，根本不可能，好幾百公尺外就維安了，愈來愈像皇帝出巡。」

直到二〇二四年五月蔡英文卸任，黎明幼兒園的事還沒解決，「國家元首可以隨便承諾騙百姓，人民到底該向誰求助？」林金連說。

強制執行前一天的十一月二十日，聲援者發起「點亮黎明前的黑暗守夜行動」，黎明幼兒園湧進三百多人，林金連看到滿滿的人潮，非常感動，「我們總統也跪了，也帶小朋友去市府請求了，政府不吭不響，讓我們非常痛心，國家竟然如此靠向財團。」隔天法院履勘看到大批人潮，自行宣布延期。

四

看到這麼多素不相識的人來幫他，林金連很震撼，他不知道該回報誰，決定全部回報，自此帶著攝影機，哪裡有迫遷，他就到哪裡，一天內搭數趟高鐵南北聲援，是常有的事。每年農曆過年，開車四處拜訪迫遷戶。

其中，最讓他不捨的，是三重許素華、新店瑠公圳賴碧珍（詳見第十章）。尤其許素華，看她過得這麼刻苦，不論酷暑、寒冬，都以帳篷為家，常勸她：「素華，不要這麼固執啦，不值得。」

許素華每次都反過來鼓勵他：「園長，我們還沒成功，是因為我們努力不夠，繼續加油啊。」聽她這麼說，林金連只能搖頭苦笑。

「幫助別人，就是幫助自己，我坐在家裡，會一直繞圈子、胡思亂想，想未來、想錢、憤恨不公不義……都快把自己逼瘋了。」走出去跟迫遷戶認識，互相扶持鼓勵，讓林金連獲得很大的安慰，最大的收穫是認識洪箱。

「她是我師父。」提到洪箱，林金連滿滿的思念與敬意。

這次擋拆後的某一天，洪箱跟張嘉玲、彭秀春到幼兒園找林金連。那天，林金連在辦公室聽到有人問：「請問林園長有佇咧無？」不等通報，立刻走出辦公室，看到三位他不認識的女士，對著他揮手微笑。

「她人很親切，第一次見面，我們就變成好朋友，她很能安慰人，分析事情給你聽，讓你的心靜下來。跟我說生命要顧好，才有本錢抗爭。她也把抗爭經驗傳授給我，讓我學到很多眉眉角角。」

林金連打從心裡佩服洪箱，「她的人生很精彩，只唸到國中一年級，一個農婦可以到大學演講，這是台灣農村真正的實力。她的語言也很有魅力，罵人更是厲害，好像說說笑笑、其實殺傷力很大，這點我總是學不會。」

二〇一七年二月，重劃會又要求法院執行強拆，法院裁示緩拆三個月，到五月二日為止。五月七日聲援者發起「搶救黎明幼兒園」遊行，這天徐世榮、洪箱、彭秀春、徐玉紅等人，跟林金連走在第一排，拉開「原地保留黎明」的黑色布條，台灣大道上，長長的人龍。

官司周折反覆，看不到盡頭。二〇一七年六月十四日，最高法院廢棄台中高等法院「拆除地上物」判決，退回高院再審，黎明幼兒園暫時獲得免拆。

不過，二〇一八年九月十一日，更三審又維持原判決，林金連敗訴。二〇一九年一月十二日，重劃會再向法院聲請強拆，法院發函要求林金連，十五日內自行拆屋還地，否則將強制執行。

雖然上次求見蔡總統失望而回，但這次，他第一個想到的，還是蔡總統，他不放棄，想再跟她求情一次。一月三十一日，林金連跟台中多個自救會，再度到總統府陳情。進入總統府後，一位接受陳情的官員請大家依序發言，輪到林金連時，這位官員問他：「園長你有事嗎？」

林金連說：「我只有三點訴求。一、廢除自辦重劃，二、與全國迫遷戶對話，

三、法辦貪官污吏。」

第二輪發言，再輪到林金連時，那位官員又問：「園長你有事嗎？」

聽到對方問他相同問題，林金連很不高興，「我剛剛講的你都沒在聽，也沒看你記錄，你說說看，我剛剛講了什麼？」官員無法回答。

「我可不可以找總統一下？」林金連接著說。

「不行，總統很忙。」官員回答。

「你可不可以打電話問總統一下，我們已經來很多次了。」林金連再問。

看到官員沉默以對，林金連低下頭，看到桌上放著一些削好的鉛筆，一怒之下右手向前拿起一枝，高舉過頭，迅速朝左臂用力刺三下，當場血流如注。現場一陣騷動，大家急著勸他：「園長不要激動，快把鉛筆放下。」

警察衝進來想制止他，林金連一時激動又用力刺三下，接著退到牆角，筆尖對著心臟，警察見狀不再前進。期間不斷有朋友進來勸他，僵持七、八個小時後，他終於放下鉛筆，警察一擁而上制伏他，救護車將他送醫包紮傷口後，林金連回到台中。經過這一次，他再也無法進入總統府了。

這次事件兩個月後，二〇一九年三月，台中地檢署依背信罪，起訴這起重劃開發商、富有公司董事長楊文欣等十四人。理由是，重劃會涉嫌虛灌地主人頭、虛增重劃及拆遷經費十二億元，並取得一萬多坪精華地段抵費地，獲利六十多億元。台中地方法院經過兩年審理，二〇二一年九月依背信罪，判決楊文欣等人，最重五年六個月徒刑，沒收非法取得的土地。

「這弊案是我抓出來的。」林金連說，重劃會告他後，他去閱卷，把資料影印下來，連看七天七夜，發現幾百個人擁有的土地，都只有〇．〇〇〇〇三八公頃。而且，四十多個人的委託書，都是同一個人簽名。他多次向地檢署檢舉，最後檢察官終於起訴，揭發這起重劃的違法惡行。

然而，重劃會被起訴、也判決有罪了，台中市政府卻沒有進一步調查、撤銷、或暫停重劃會運作，反而放任建商繼續迫害林金連。二〇二〇年四月二十二日，林金連再度收到法院通知，緩拆三個月，到七月二十二日為止。

到期兩周前，林金連把自己綁在木製的十字架上，到台中市政府陳情，市政府不驅趕、也不理會，二十三天後，黯然結束這場陳情行動。

二〇二四年三月，又來到更五審言詞辯論，林金連評估這次可能敗訴，因為其他六位兄弟姊妹，都已經同意領取補償金。一旦敗訴，重劃會一定會再申請假執行，到時林金連勢必要接受強制配地。他的六百坪土地，只能配回三百坪，可能還必須賣地還債，幼兒園已經不可能再經營了。

五

林金連的災難不只自辦市地重劃而已，二〇〇四年三月三十一日，他響應經濟部「〇〇六六八八專案」，到彰濱工業區投資的「林之泉飲用水公司」，也被經濟部片面毀約，提高購地價款，導致多年投資血本無歸。

「〇〇」是指第一、二年免租金，「六六」是第三、四年租金六折，「八八」是第五、六年租金八折。所繳的租金，二十年後可以抵購地款，購地價格依照簽約時的市價，這就是當年經濟部獎勵投資的「租轉購」。

「我到彰濱工業區時一片荒蕪，為了響應〇〇六六八八專案才進去。」林金連說，當時國內投資低迷，專案在政府大力推動下，吸引許多廠商進駐，彰濱工業區距離台中很近，他可以同時兼顧幼兒園及水公司。

二〇一七年他跟其他廠商一起申請購地，依照簽約時的市價，他的購地款是六千萬元，過去已支付五千萬元租金，只要再補一千萬元差額，就可以把地買下。然而，其他廠商都買到了，只有他沒被核准。

經詢問後，經濟部告知，廠房要蓋到三〇%，才能適用租轉購。於是，他再借貸三千萬元，把廠房蓋到三〇%。當他拿到使用執照再去申請

黎明幼兒園園長林金連（中），除了遭遇自辦重劃，他響應經濟部投資的水公司，也被片面毀約。二〇二四年三月二十七日，在徐世榮（右）、李華萍（左）陪同下，到總統府陳情。

時，經濟部卻改口，要依當期市價一億二千萬元購買，比簽約時的市價六千萬元，整整多了一倍。這對林金連來說，是重劃案之外的另一個重大打擊。

二〇二三年十月三十一日，在立委陳椒華的記者會中，經濟部表示，當時未核准林金連的購地申請，是因為他的使用執照，建蔽率跟投資計畫書不符，二〇一八年三月二十七日，才會回覆他不符合申購資格。

不過林金連認為，是因為他到處抗爭民進黨浮濫徵收，才被故意刁難，「有人只蓋百分之五、百分之三都可以買了，為什麼只有我不行？」

其實，二〇一二年經濟部也曾提議，以當期市價、而非簽約市價賣地，最後在廠商抗議下取消。二〇一二年十二月二十五日，民進黨立委林岱樺，在立法院網站刊出的一份新聞稿，證實了這件事。

黎明幼兒園在遭逢自辦重劃後，嚴重虧損，林金連之所以能堅持下去，是因為水公司的收益，可以彌補幼兒園虧損。二〇二四年三月三十一日，租轉購的二十年合約到期，他拿不出額外的六千萬元，這間公司隨時可能關廠，連帶幼兒園也可能無法繼續經營。

「小英總統救命，經濟部兌現承諾，回歸契約精神，秉持信賴原則，停止迫害林園長。」二〇二四年三月二十七日，合約到期前四天，徐世榮、李華萍以及多個自救會，到凱道舉行記者會，聲援林金連並向總統府陳情。

徐世榮拿著他連日在圖書館找到的資料，「彰化縣長翁金珠、工業局長陳昭義、彰濱工業區邱主任，二〇〇三年都說〇〇六六八八專案，二十年後可以無償取得土地所有權，過去繳的租金可以抵價款。二〇一二年國民黨修改方案提高價金時，民進黨立委反對，十二月二十五日在立法院開公聽會，陳亭妃、邱志偉、許志傑、林岱樺做了結論，要回歸契約精神。」

林金連有感而發，「我來總統府的次數已經多到數不清，不只為我自己，還有全國迫遷問題。我不放棄黎明幼兒園，它本來就是我們在經營的學校，有幾萬名學生在那裡畢業，有他們的情感，不要因為自辦重劃而消失。我也住在幼兒園裡面，這是我的家，我不想放棄，政府就這樣對付我。」

不久後收到經濟部回文，不但堅持原價，而且言明，二〇二四年三月三十一日到期前，如果沒有承諾購地，購地價還要再提高兩千萬元，到一億四千萬元。同時短期租約，也要提高到每月七十萬元。

接著在二〇二四年十二月，林金連收到經濟部存證信函，要求他十天內補足差額，否則將撤銷他的買地權利。這筆錢，他當然繳不出來，林金連感嘆：「我在這塊土地上，已經連站的地方都沒有了。」

自辦重劃改變了林金連的人生，他從一個快樂的幼兒園園長，變成街頭的抗議者。幾經波折，幼兒園昔日風光不再，學生人數逐漸減少，他自己也負債累累。自辦重劃這個惡法，竟然可以把一個平民百姓，逼迫到這種程度。

林金連的遭遇，是自辦重劃的照妖鏡，政府再也不能放任不管，立法院也應該早日修法，廢除自辦市地重劃，才能避免更多人受害。

結語

黎明幼兒園的爭議，出在自辦重劃的制度設計。制度原意，是政府為了節省支出，鼓勵地主基於改善環境，合作重劃。但重劃具有專業性，工程及經費也很龐大，並非普通人民所能負擔。於是，主導自辦重劃的都是建商，而建商發起重劃，無非是為了獲利，因此會不擇手段達到目的。

針對自辦重劃弊案連連，內政部表示會提高門檻，但這於事無補。要避免繼續有人受害，自辦重劃的法令必須大幅修正。第一優先是廢止，所有重劃回歸公辦，因為，改善環境是政府的責任，不應授權民間執行。

第二，如果暫時不能廢止，也必須先廢除「半數同意」，採取「全數同意」，讓不願意參加者無條件剔除，這樣才符合地主自辦的意旨。

第八章 大寮與大樹

我一个庄跤的歐巴桑，竟然食到七、八十歲閣拄著這款代誌。聽著重劃，我就想著厝欲拆掉，啥物攏無矣，欲去蹛佗位？

——林錢寶

一

二〇二三年一月十八日，除夕前兩天，家家戶戶正忙著年前採買，台北街頭湧現返鄉人潮，但無故被圈進「大寮伍厝七十四期自辦市地重劃」的居民，卻無心過年，遠從高雄來到台北，要跟蔡英文總統陳情。

「我們祖先在這裡，已經居住一百多年，本來過著平靜的生活，卻被自辦重劃打擾，天天擔心害怕失去自己的家。蔡總統，我們是您的子民，我在這邊給您跪下了。」林錢寶說著，在凱道陳情區，面向總統府激動下跪。

依高雄市政府網站提供的資料，這起重劃面積約八公頃，位於大寮區伍厝段及黃厝段部分土地，全部是建地。私有地主二百十一人，其中，一百二十五人同意參加重劃，占五九%。八十六人不同意，占四一%。同意率超過半數決門檻，二〇二二年九月，高雄市政府核准這起自辦重劃。

不過依照當地居民的說法，實際住在這裡的人，不同意占多數，建商發現達不到門檻，就購買土地並分割，增加同意地主人數，才符合規定。不同意者也要被迫參與，連監察院都痛批，自辦重劃已淪為掠奪土地的工具。

二

這裡是林錢寶出生的地方，從她父親在這裡落腳已經上百年，兄弟姊妹、鄰居感情好，在屋前空地擺一桌點心，就可以聊一下午。林錢寶說：「阮毋是真富裕，毋過阮過甲真滿足。」做夢都沒想到，自辦重劃會找上門來。

「我一个庄跤的歐巴桑，竟然食到七、八十歲，閣拄著這款代誌。聽著重劃，我就想著厝欲拆掉，啥物攏無矣，欲去踮佗位？彼个力量，予我感覺無啥覓通好驚的，就決定欲抗爭。」

看到林錢寶，就會想起洪箱，她們都有農村樸素、善良的個性，而且總是笑臉迎人、善待朋友。一旦下定決心就勇往直前，爆發力也非常強大。

為了反對自辦重劃，居民火速組成自救會，由林錢寶擔任會長，兩個月後的二〇二二年十一月四日，第一次到高雄市政府陳情。那天，村民扶老攜幼，有人坐著輪椅，說到激動處，林錢寶跟多位居民痛哭下跪，「市長，救救我們，救救我們啊。」很多人看到新聞，都很同情他們的處境。

不過等了兩個月，高雄市政府都沒有回應，二〇二三年一月十八日，徐世榮帶著居民到總統府，向蔡總統陳情。好不容易來一趟台北，不是來旅遊，而是來陳情，站在凱道遠望雄偉的總統府，更加悲從中來。

從總統府出來後，徐世榮跟他們說，到中央陳情，重點是新聞曝光，因為在地方抗爭，新聞往往出不來。但地方有實質的行政權、自辦重劃核准權，才是最關鍵的。希望他們回到高雄，繼續向高雄市政府陳情。

隔天，他們就到高雄市政府求見陳其邁，林錢寶拿起麥克風就哭了，「市長，你連見我們都不要啊，我們是你的市民，要見你一面這麼困難嗎？」

高雄市副秘書長王啟川接下陳情書，並說：「原則一定優先保障弱勢住戶權益，一定會嚴格監督重劃會確實落實。」這是標準的官式回答，至於如何優先保障、如何嚴格監督？卻含糊其詞，果然過了兩個月都沒消息。

三月二十二日，他們第三次到高雄市政府，那天官員明確告知，地政局已經發函給重劃會，要求剔除不同意參加重劃的地主，並限期四月二十日前，提出修正計畫。這個意外消息，讓大家很驚喜，但也半信半疑。

然而就在這次陳情兩天後，社區周圍空地突然起火，林錢寶接到電話趕回來，發現起火點相當多，一直到晚上還沒撲滅，很多老人家嚇得不敢睡。為什麼起火？大家不想過度揣測，但守護家園的意念更加堅定。

那時，有人建議林錢寶打行政訴訟，但這裡的居民都很弱勢，出不起訴訟費。有一天陳文瑾跟洪箱說：「大寮遐有人咧抗爭重劃，足可憐。」

「咱有啥物會使共個鬥相共？」洪箱在客廳靠門的地方，放一張躺椅，她在這裡跟朋友聊天、滑手機、追劇，暫時忘了身體的不舒服。

「是有建議個拍官司，毋過個攏無錢。」陳文瑾說。

洪箱接著說：「你、我、徐教授、看閣啥人，共個鬥出一寡。」說完，她緩緩從躺椅起來，走進客廳後方她的房間，出來後拿給陳文瑾一疊鈔票，「我出兩萬。」這件事最能體現洪箱的大愛，其實她並不認識林錢寶，甚至還沒搞清楚，他們發生什麼事，但一聽到別人有難，她立刻就想幫忙。

陳文瑾湊足六萬元後打給林錢寶：「怹欲拍官司的錢已經有矣。」林錢寶一聽緣由，就哽咽了，「世界上哪有遮爾慈悲的人。」

不過林錢寶不願意收下這筆錢，後來也沒打官司，但她非常感動，有一天跟鄉親專程到灣寶拜訪洪箱，大家一見如故。

林錢寶回憶第一次見到洪箱的情景，「第一擺去個兜，伊就足熱情，阮七个人去，予阮一人一罐老菜脯，閣提足濟菜予阮。伊教阮愛按怎保護土地，叫阮愛堅持、愛團結。」洪箱病重時，林錢寶有再去看她一次，但那時洪箱已經沒辦法說話。第三次到灣寶，則是向洪箱告別。

三

每次要到高雄市政府陳情，前幾天林錢寶就要放下工作，到苓雅分局申請集會遊行，每次去，警察都會勸她：「莫抗爭啦。」

林錢寶很無奈，「警察先生，無抗爭，我是欲去蹄佗位？」

上一次到市政府陳情，官員說已經要求重劃會，四月二十日前把不同意戶剔除，但耐心等到期限過後，卻無聲無息。大家開會決定，陳情這麼多次都沒結果，一定要採取最激烈的手段，宣布二十四日到市府前絕食抗議。消息傳出後，朋友紛紛來勸，要他們保重身體，千萬不要傷害自己。

但林錢寶說：「厝無矣，我連死嘛毋驚。」

不過就在絕食前一天，接到市政府電話，「你們不用來抗議啦，四月二十一日已經廢止了。」林錢寶半信半疑，「真的嗎？你共公文傳過來，我遮欲相信。」市府火速傳來公文，林錢寶叫大家來看，「恁來看，真正廢止矣。」

二十四日當天，他們發出聲明取消絕食，感謝陳其邁、徐世榮，聲明書寫著：「每個人都會在人生路上，遇到各種困難，但總有一些人，在危難時拉你一把，幫你度過黑暗，趕走愁雲。千言萬語，化作一句感謝。」

事後聽徐世榮提起，他為了這件事曾經拜託陳其邁，「我很少跟他聯絡，但為了這件事，我有跟他拜託。我說，你一定要自己去看看，那邊都是社會弱勢，你把他們重劃了，他們就只有死路一條。」

徐世榮說：「我不知道撤銷跟我有沒有關係，不過只要我有任何關係，全部都要用上，能保住他們才重要，但也不敢講是不是賣我面子。」

然而，重劃撤銷後，平靜的日子只過了半年，一封交通部高速公路局的掛號信，讓他們再度面臨失去家園的恐懼。

這封掛號信是通知他們，二〇二三年十月十七日，參加「國道七號高雄段工程」公聽會，會議目的是「聽取土地關係人意見」。所謂「土地關係人」就是為了興建國道七號高雄段，被畫入徵收範圍內的土地所有人。

「原來重劃廢止，變徵收嗎？」林錢寶看到這張通知書，不禁回想，為什麼市政府這麼輕易就撤銷重劃？從第一次到高雄市政府陳情，到撤銷重劃，不到半年，難道是為了配合國道七號徵收土地？

話說，突然要徵收他們的家，也很奇怪，國道七號高雄段經過十年環評，過程中路線多次更動，直到二〇二二年九月通過，二十三公里的路線，從來沒提過會經過這裡，為什麼環評後卻更改路線，變成他們家要被徵收？

事後得知，有被徵收的居民陳情，高公局才調整路線，避開他們的家，但這一調，變成林錢寶這區要被徵收，這對他們並不公平。而且交通部在環評後更改路線，並沒有舉行公開會議，讓居民表達意見，不符合正當程序。

徐世榮好人做到底，又開始幫林錢寶奔走，剛好高公局承辦主管是他的學弟，他多次南下陪林錢寶協調，高公局同意再微調路線，林錢寶這個地區的居民，終於可以把家保留下來了。

當大家跟她道喜，她反而皺著眉頭嘆了口氣，一問才知道，原來微調後的高架路線，會穿過一個風水寶地，他們很怕那裡的神明會跑掉。

林錢寶說：「神明咧六、七冬前就共我講，有一工會離開遐，因為遐的地理環境已經被破壞矣。」大家一直安慰她，請她再跟神明多溝通。

徐世榮說：「這就是我上課常講的，規畫前一定要先跟居民溝通，很多知識不是課堂上講的，風水、地理也很重要，做規畫時卻常常忽略掉。」

從林錢寶這個案例可以看出，政府對自辦重劃有監督權，可以要求業者將不同意者畫出，做不到就撤銷重劃案。並不是之前宣稱的，自辦重劃屬於民間私權，發生糾紛時，政府只能居中協調，不能介入。

然而，並不是每個案子的運氣都這麼好，另外一個也發生在高雄的「大樹湖底自辦市地重劃（八十四期）」，居民至今求告無門。

四

「大樹湖底自辦市地重劃」位於高雄市大樹區湖底段，面積二・三公頃，都是農地，其中兩公頃是私有地，有一百三十三位地主。依高雄市政府公告資料，五二％的地主同意，他們擁有六三％的土地。由於已達到半數決門檻，二〇二二年七月十九日，高雄市政府核准這起自辦重劃。

但這起自辦重劃跟黎明幼兒園一樣，也爆出灌人頭爭議，二〇二四年三月二十七日，民眾黨立委陳昭姿揭發大樹湖底、大樹維新（八十二期）這兩起自辦重劃，因灌人頭、偽造文書，已經被橋頭地檢署提起公訴。

高雄市政府不但沒有調查，還允許重劃會繼續施工、迫遷居民。陳昭姿要求，高雄市政府應立即廢止這兩個重劃會，停工查辦。如果內政部無法負起監督及管理責任，她也要追究自辦重劃的存廢。

起訴書中提到，重劃建商廖堅志投資的台南佃西、台南溪東、高雄大樹湖底、大樹維新這四個自辦重劃，全數已被高雄、台南地檢署起訴灌人頭。其中二〇一九年一月，高雄市政府核准的「大樹湖底重劃籌備會」，當建商發現同意率不到一半，就向地主買地，再分配到二十五人名下，以達到半數決門檻。

每個人擁有的土地面積，剛好符合最小建築基地面積，四十九平方公尺，取得投票權，選出廖堅志、他太太、他姊姊等自己人擔任理監事。這麼明顯的違法事實，強調已層層把關的高雄市政府，為什麼沒有發現？

橋頭地檢署還提到，廖堅志曾經擔任花蓮、宜蘭、高雄等縣市的都市計畫委員，得知較具投資價值的重劃案，找機會下手。找到地之後，再請地方政府變更都市計畫，名正言順進行自辦重劃。多少人的家，就在政府、建商聯手下被畫進自辦重劃範圍，不但財產損失，心靈也遭受巨大的創傷。

二〇二四年十月十六日，監察委員施錦芳、高涌誠糾正內政部、台中市政府，未善盡審查及監督自辦重劃之責。很奇怪這個糾正案，卻沒有提到台南、高雄，其實這兩個縣市的情況也很嚴重。糾正文十分嚴厲，如下：

> 自辦市地重劃，成為財團圈地，掠奪私人財產的工具。

名為獎勵人民自辦，實由開發公司主導，自辦已淪為話術。

國家法令介入，強迫不同意者參與，卻定義為私法，不處理糾紛。

核准自辦重劃，沒有公益性、必要性的判斷標準及監督機制。

法規疏漏，虛灌人頭、暴利歸私，內政部沒有因應對策。

五

當政府想在某個地方重劃時，不是說那裡有很多鐵皮屋，不然就說那裡的土地畸零不整，只要透過重劃改善環境，就可以讓居民享有更好的生活。但這些都是開發的藉口，實際上每一吋土地，都是人民寶貴的資產。

而這些資產，還有世代相傳的記憶。就跟苗栗縣龍昇村民一樣（詳見第十二章），他們只想把祖先留下來的地，好好傳給下一代，而不是想變賣獲利。遇到自辦重劃，卻連自己的土地，都無法自由決定用途。

被畫進八十四期重劃範圍內的黃富華家，就是如此。原本他們有二分地，是她父親外公留下來的。二十多年前被徵收六〇％開路，只剩二百八十坪，平常種竹筍。因為被徵收過，僅存的農地臨馬路，重劃業者無法將他們的地圍起來，旁邊的農地早已被圈起，作物也已剷平，讓居民感到悲憤。

「高雄市地政局二〇二二年七月十九日，核准這起重劃時，我爸聽到很生氣，二、三天後就中風住院了。我臨時回家要拿東西去醫院，重劃會的人還拿一個拆遷補償表，要找我爸簽名。」黃富華生氣地說。

他們向重劃會要求原地保留，後來得知，重劃會早就把他家的地賣掉了。這種情形跟黎明幼兒園一樣，在程序還沒完成前，就先把土地分配給另一位地主，導致地主即使想爭取原地保留，也不斷遭受建商官司侵害。

黃富華站出來替父親討公道，認識很多相同遭遇的人，每次去聲援抗爭，回家就安慰她爸爸：「你沒有很可憐啦，很多人連房子都沒了。」

她爸爸聽了總是笑笑，中風後幸好沒有留下後遺症，為了保護農地，現在他天天都要到田裡走走。他堅信，一定可以守住這畝田。

自辦市地重劃弊案連連，內政部不只應檢討法令，更應檢討存廢。而公辦市地重劃，雖然可以直接跟政府訴願、訴訟，但依然存在公益性、必要性的爭議。下一章提到的鳳山鐵路，就是一起公辦重劃的典型迫遷案。

結語

過去只要發生自辦重劃糾紛，政府都說，那是民間私權，它無法介入。「大寮伍厝七十四期自辦市地重劃」，最後是高雄市政府介入，要求重劃業者將不同意的地主剔除，進而撤銷重劃。表示政府的確可以、也有責任介入自辦重劃糾紛。畢竟，政府是自辦重劃制度的制定者，更是核准機關。

不過，除了這起重劃之外，其他自辦重劃，還是存在被迫參與的情況。大寮這起重劃，應該成為政府處理類似爭議的範本，主動介入，讓居民自由選擇參加與否，才能體現自辦重劃的精神。

第九章
鳳山鐵路

為著火車站頂面欲起十層樓的夢時代，愛符合建蔽率需要廣場，必須拆阮兜作路。政府起大樓欲拆阮兜作路，按呢敢著？

——詹雅琴

一

高雄市政府在鳳山鐵路地下化後，推動「鳳山八十五期市地重劃」，開發舊火車站、以及周邊共七・九公頃土地。舊火車站拆除後，變更為商業區，高雄市政府、台鐵公司各蒙其利。另外在舊火車站對面，蓋一座新鳳山火車站，上面蓋名為

「空中鳳城」的十層樓商場。

把一座古色古香的舊車站拆除，再蓋一座新站，用意何在？如果只是拆舊站、換新站，又為什麼需要重劃周邊土地？

徐世榮質疑，這個重劃案的目的，就是為了蓋那座商城，「很諷刺地，這棟外觀美輪美奐、被比擬成浴火鳳凰的空中鳳城，不是要燃燒自己，照亮別人，而是為了自己的新生，殘忍地燃燒別人，照亮自己。」

他強調：「空中鳳城未來要做電影院、健身房、餐廳、百貨公司、辦公室，都是為了讓台鐵出租營利，哪來的公益性、必要性？為何可以犧牲人民在憲法、兩公約施行法中應保障的權益？」

這個重劃區內，原本有一百多戶，多數已在這裡落戶三、四代，長年伴著火車通過的煤煙、噪音，過著勤儉平實的生活。早期會住在鐵路邊的，都是比較弱勢的居民，有些是因為鐵路周邊有較多工作機會而住下。年輕一輩出外謀生，很多七、八十歲的老人家，還住在這個從小生長的地方。

重劃後原有的建築物全部拆除，扣除他們要負擔的重劃費用，依比例配回指定地點的一部分土地。如果配回的土地，少於最小建築面積，就要再跟政府買地補足，否則就只能拿補償金離開。對弱勢居民來說，重劃等於驅逐。

配回的土地可以蓋一半面積，但因建築成本大漲，不一定蓋得起。或是評估蓋起來沒有效益，地就空著。空地稅很高，有些把地賣給建商，或蓋可以出租的房型。最終，大部分土地還是流入建商手裡。

法令說「重劃是把一定區域內，畸零細碎不整的土地，加以重新整理，交換分合，再分配給原地主。」但如何交換分合？政府、建商都會把最好的地留給自己，把他們選剩的土地，再集中一區，分配給地主。至於，可以要求自己的住家，原地保留嗎？當然不行。

這個重劃區的配地，集中在新、舊火車站外圍，到二〇二四年為止，除了舊車站這邊正在蓋的兩棟樓之外，其餘都空著。新站這邊，有幾塊配地合併起來做機車停車場。其他配地，則用鐵絲網圍成一格一格，柱子上用紅漆寫上編號，有的就這麼放著長草、有的鋪上防水布、有的還被倒垃圾。

二

一九五三年，詹雅琴出生在台中一個書香家庭，父母都是老師。父親在她十三歲時過世，母親獨力扶養五個小孩長大。兩個姊姊嫁到高雄、台南後，母親也轉調高雄大社國小任教，詹雅琴初中畢業後，也跟著搬到高雄。

隨後她到楠梓加工區上班，但她非常渴望再唸書，一年後拜託媽媽讓她升學，但媽媽說沒辦法負擔她的學費。她沒有放棄，持續爭取，「我若是讀夜間部高商，會使袂？」媽媽說：「如果你會使家己趁錢，就無問題。」

得到媽媽許可後，詹雅琴非常開心，努力讀書考上岡山立德商工夜間部（已停辦），下班後就趕去學校上課，每天回家都快十二點，累到倒頭就睡。隔天，又是工廠、學校來回，雖然暴瘦到四十二公斤，但她很開心、很充實。

那時高職夜間部修業完成後，還要再通過資格考，才能拿到學位。考前一周，詹雅琴跟媽媽說要辭職，專心準備考試，如果沒考上，這三年就白讀了。原本媽媽反對，但她堅持，辭職後日夜苦讀，果然考取了。

後來朋友介紹她到仁武一家工廠做會計，「我遮二十歲，就掌管彼間公司的會計，受著肯定。」說起這段刻苦上進的歲月，詹雅琴有辛酸、有驕傲。

一九七七年跟陳文華結婚，她欣賞先生的勤奮、老實、顧家，從孩子小學四年級開始就做專職主婦，有子有孫，過著幸福快樂的日子。做夢都沒想到，市地重劃，剝奪了她從六十五歲到七十三歲，人生安詳美好的八年。

從一九四〇年代起，陳文華的祖輩，就住在鳳山火車站附近，他也在這裡出生，如今依然是三代同堂、安身立命唯一的家。家旁邊是曹公圳，這條建於清朝道光年間的圳道，是高雄近兩百年來最重要的水圳。傍水而居的住家，與這條圳道已合為一體，留下許多世代珍貴的記憶。

陳家有兩棟相連的房子，其中一棟三十三坪的四層樓建築，是一九八二年舊屋重蓋的合法建物。另外一棟二十八坪的二層樓建築，是三十多年前就跟台糖租的地，原本是三合院，二〇〇八年曹公圳整治後重蓋，這兩年因為重劃糾紛，台糖沒有繼續租給他們。這棟鋼筋混凝土結構的房子，花了三百多萬才蓋起來，但因為超過舊違建合法期限，被市府評估為鐵皮屋。

兩棟建物補償費，才五百六十萬元，如果要再配地重蓋，大約需要二倍的錢。這就是為什麼，明知抗爭困難，陳家還不放棄的原因。詹雅琴說：「如果我閣有另外一間厝，我絕對袂抗爭，就是因為走投無路，只好一搏。」

新鳳山車站與陳家這排房子之間，原本隔著一條十五米道路。如果顧及居民的最大利益，應該保留這條道路，這樣陳家這排房子就不用拆。但高雄市政府將這條道路，變更為廣場用地，再把陳家這排房子，變更為道路。

房子拆掉後開的新路是曹謹路，從舊火車站那頭延伸過來，到了陳家就卡住，無法往下延伸，造成一個尷尬的局面。高雄市政府、民意代表指責他們是妨礙交通的釘子戶，就連他們也坐立難安。但這是政府規畫不當造成的，如果一開始就保留原來的十五米道路，就不存在這個問題。

抗爭的日子讓人心累，大多數迫遷戶都會選擇妥協，這是人之常情，只有意志堅強的人，才會選擇走向抗爭這條路。當迫遷戶一個個退讓後，最後剩下的人，就會被汙衊為釘子戶、抵觸戶，承受很大的壓力。要說「抵觸」，應該是市政府的規畫，抵觸了《憲法》應為人民保障的財產權。

得知這起重劃案後，陳文華檢視都市計畫流程，發現二〇〇四年都市計畫通過的決議函中，請高雄市政府五年內完成細部計畫。但直到二〇一三年細部計畫才擬定，已經超過決議函的五年期限。陳文華在一場座談會中，提出這個問題，但市府還是在會後直接送內政部，並在二〇一六年核定。

陳文華說：「之後在說明會中，我們又提出很多意見，地政局說你們的意見都做成紀錄了。我們以為會依《市地重劃實施辦法》第十六條，重新修正再報內政部核定，二〇一七年一月三日，收到雙掛號要查估時嚇一大跳。」

三

二〇一七年六月十六日，陳家第一次面臨強拆，一周前就有很多朋友、學生到家裡準備擋拆。前一天，陳文華一家到市政府陳情，詹雅琴向陳菊喊話：「我已經六十五歲，人生無法度重來。市長妳是可愛的花媽，是按怎變成壓霸強拆民宅的陳菊？一生拍拚全部攏無去，阮規家口仔是欲去蹛佗位？」為了平息紛爭，高雄市政府承諾當天不會強拆。

強拆不成，改用輿論公審，市府經常發出附有陳家位置圖的新聞稿，指「陳家房屋正好位於新鳳山車站南側，十五米寬都市計畫聯外道路上，同區其他三十二戶，早就自行或配合拆遷，只剩陳家一戶仍不斷陳情抗議。為了市民生命財產安全，及大眾運輸便利，希望陳家自利利人配合拆遷。」

這樣的指控何其沉重，為了守護自己合法的權益，卻被扣上反社會利益的帽子。不但如此，生活干擾不斷，陳家出入口，連續兩年被停滿的機車堵住，找鳳山議員沒人理，最後請前鎮小港區議員陳麗娜幫忙，路才打開。

還有，市政府放任大批野狗，在家旁邊的廣場遊蕩，讓他們出入都承受很大的風險。凌晨有人在門外辱罵，還有人丟石頭砸破窗戶，「毋知破幾攏矣，破閣補、補閣再破。」詹雅琴無奈地說。

二〇一八年八二三高雄水災，一位社工突然來訪，說這是待拆房子，要把小孩先帶到安全地點。當時懷孕七個月的媳婦受到驚嚇，二十多天後早產，不久留下早產的兒子，帶著女兒離去。房子還沒拆，家已破。

二〇一九年九月六日，高雄鳳山八十五期市地重劃受害者陳文華（左一）、詹雅琴（左二）到監察院陳情，洪箱（右一）帶著孫女來聲援。

二〇一八年十月十四日，高雄鐵路地下化營運首日，陳文華、詹雅琴與反重劃居民，到新鳳山火車站抗議，陳致曉、李蔚慈、林寶戀等人都來聲援。

接著在二〇一九年九月六日，他們北上監察院陳情。陳文華說：「地方政府講的話，自己都不能依法行政，我們這些小老百姓情何以堪？所以今天來這裡麻煩監察院，討回我們老百姓，辛辛苦苦得來的財產權。」

陳文華提到，高市府違反《都市計畫法》第四十八條，公共設施應先用公有地，但事實卻相反。他強調：「台鐵的土地全都拿回去，博愛路過來要經過台鐵土地，道路才是直的。竟然轉一個彎，把百姓的房子拆掉，留台鐵的地變商業區，高雄市政府也分到土地，我們小老百姓的房子都沒了。」

洪箱雖然不認識詹雅琴，但在臉書看到採訪通知，就帶著孫女搭高鐵主動來聲援，默默站在一旁幫忙拿牌子。會後，詹雅琴的女兒陳美孜，把她帶到洪箱面前，介紹兩人見面，「媽，這是灣寶的洪箱阿姨。」

詹雅琴早就聽聞洪箱大名，看到洪箱，稍稍擺脫臉上的憂鬱神情，露出笑容，走向前跟洪箱雙手緊緊相握，「多謝妳來共阮聲援。」

兩人一見如故，一陣寒暄後，加LINE互相交換訊息。詹雅琴回想，「伊做人足海派，毋只是用生命保護土地，對每一个人，攏足親切、足體貼，真勢共人安慰。土地之母，伊受之無愧。」

詹雅琴說：「洪箱知樣阮先生著過胃癌，就時常關心，三不五時就問我先生好無、人有平安無？先生愛照顧好。然後閣共我講，欲請民進黨的誰，唸一大堆民進黨的大頭，講欲拜託佪共阮鬥相共。」

這就是洪箱可愛的地方，她總是不藏私，把自己的資源拿來幫助別人。灣寶抗爭期間，她認識很多學者、社運人士，二〇一六年政黨輪替，這些人雨露均霑獲得各種職位。洪箱以為他們握有行政權，更有能力助人。但她錯了，有一次她帶徐玉紅去拜訪其中一位，那人只冷冷回答「依法行政」。

而且，國民黨執政時，風風火火的反土地徵收抗爭，在民進黨執政後，瞬間灰飛煙滅。環境運動、土地運動一旦存有政治意圖，就會落入這樣的輪迴。

四

重劃對詹雅琴的打擊很大，她看過精神科長達半年，藥物讓她整天昏睡。朋友紛紛勸她不要吃藥了，也常常陪她到郊外散心，這些讓她感到安慰。但一個人靜下來時，又陷入孤立無援，始終無法擺脫失去家園的恐懼。

有一次她瞞著家人，在背包放一張椅子，跑到高雄市政府要見陳菊，警衛將她驅離到中庭，後來一位朋友趕來，把她帶回家。詹雅琴說：「其實彼工，我本來拍算，欲自市府大樓頂面跳落去。」

「抗爭第一年我足痛苦，毋過有一工我想通矣，我無偷無搶，這是我佮阮先生辛苦留落來的。政府無能招商賺錢，欲錢就徵收百姓的厝，公務人員開喙合喙依法行政，真是辜負恁讀遮爾濟冊，有遮爾好的頭路。」

她下定決心，「無論阮兜結果如何，我希望規高雄，無人像阮仝款，愛面對這種侮辱。」她決定走出去，只要哪裡有抗爭，就去聲援他們。第一次去聲援新北市板橋大觀社區迫遷，回家後跟先生說：「咱足悲哀、足可憐，毋過有人比咱閣較悲哀、閣較可憐。如果我無死，佗位有苦難，我攏欲去。」

二〇二〇年八月二十四日，陳其邁補選就任高雄市長，九月三日陳家再度到高雄市政府向他陳情，「我今年六十八歲，一百空六年六月十五，強拆阮兜前一工，我來遮開記者會，今仔日第二遍來，是欲共陳其邁市長懇求。」

她強調：「這是陳菊市長無合理的重劃，原來內政部允准的路，是新鳳山火車頭邊仔，彼條十五米的路，為著火車站頂面，欲起十層樓的夢時代，愛符合建蔽率，需要廣場，必須拆阮兜作路。政府起大樓欲拆阮兜作路，按呢敢著？我毋是釘子戶，我是抗爭戶，唯一的訴求，就是原屋保留。」

在所有陳情方法都用盡後，他們決定對高雄市政府，提起行政訴訟。二〇二一年四月三十日，高雄高等行政法院，以這起重劃違反《平均地權條例》撤銷，兩年後的二〇二三年二月二十三日，最高行政法院駁回市府上訴。

判決書提到，依據《平均地權條例》第六十條第一項，重劃區內公共設施所需土地、經費，由區內土地所有人，按土地受益比例共同負擔。換句話說，這些由地主負擔的公共設施，只限「重劃區內的居民」所需。

但高雄八十五期重劃區，設置的三個「廣場」，很明顯是為了改善舊車站的空間，讓人流、車流更順暢。而且這些廣場，還連結其他周遭景觀，跟重劃區內居民的生活，沒有直接關聯，不具有鄰里特性。

得知判決勝利，詹雅琴卻高興不起來，「應該是歡喜的目屎，毋過彼工我規暝無睏，抗爭過程，一幕幕像走馬燈，咧眼前走過。想著強拆的時陣，三、四十个少年人來阮兜擋拆，我連行路嘛驚共個踏著。」

三月十九日陳文華、詹雅琴在住家前的空地，舉辦感恩餐會，分享官司勝訴的喜悅，並感謝一路以來幫助他們的人。抗爭期間她把一些紅色、亮色的衣服全收起來，這天她重新拿出來，她要穿一件紅的，但又很靦腆，「我已經七十一歲矣，變成毋敢穿紅色，這是一段消失的歲月。」

詹雅琴向高雄市政府喊話：「這馬官司定讞矣，請高雄市政府莫閣揣阮麻煩。這證明我抗爭，毋是為著錢，我毋是釘子戶，只想欲保留阮的厝而已。請予阮繼續蹛佇遮，予阮一家口仔，平靜過日子。」

然而官司勝訴也沒用，平靜的日子不到一年。二〇二四年元月總統大選過後，高雄市政府動作頻頻，多次派員到陳家，要求他們遷離。

七月十二日高雄市社會局來了兩位社工，問詹雅琴房子拆除之後，如何安置家人？她非常傷心，在臉書上寫著：「我無言，因為我沒有能力，再建造一個新家，高雄市政府無視法院判決，不留一條生路給市民走。」

空中鳳城七月十四日完工，但多次招商流標，陳家七月十六日收到高雄市地政局掛號信，強調為了重劃工程、以及空中鳳城管線施工，要求二十八日前自行拆遷，否則二十九日起將強拆，未搬離的物品，視同廢棄物清除。從收到掛號信到要求搬家，只有十二天，讓詹雅琴十分錯愕。

由於詹雅琴持續反對，高雄市政府沒有在預定期限強拆陳家，接下來又開始協商。最終在二〇二五年一月，陳家退讓，與高雄市政府達成協議，在農曆年前，黯然搬離居住將近八十年的家。

詹雅琴在遭受重劃的一連串打擊後，雖然心情幾度波折，但沒有倒下，她要繼續鼓起勇氣，做全家人的支柱，把家再蓋回來。

結語

「鳳山八十五期市地重劃」是一起公辦重劃。相較於自辦重劃，可以直接面對政府，較不會發生自辦重劃灌人頭，暴力對待不同意地主的事件。但依然可看到，政府基於對己有利的角度規畫，沒有公平對待地主。

陳家與新鳳山車站之間，原本有一條十五米道路，兩者可以併存，但市政府把這條道路變更為廣場，把陳家這排房子變更為道路，導致整排房子必須拆除。政府宣稱重劃是為了居民，但這樣的規畫，卻只顧及自己的利益。

未來政府要化解公辦重劃爭議，應該採取「全數決」，無條件剔除不願意參與者。即使最後不得已要居民退讓，也要給予充分補償，不能讓人民在年老時，因為重劃失去他的家。否則，這就不是重劃，而是驅逐。

第四部

另類徵收

第十章

許素華與賴碧珍

土地是因為三重市公所不查，才被偽造移轉，又因為法院不查才被法拍，我們的地是被盜賣的。公部門的誤失造成人民受害，國家都不用負責嗎？

——許素華

一

台北捷運中和新蘆線往迴龍方向，在台北橋站下車，從出口迴轉直行再右轉，沿著光興國小外牆，穿過馬路，轉進三重市大同南路一七二巷，不久就會看到一處施工中的工地，圍籬外的路邊，晚上會出現一個小帳篷。

帳篷的位置，過去是一七二巷十八號，也是許素華的家，自從二〇一六年三月十六日，她家被強拆後，先變成停車場，再變成工地，而這個帳篷，現在是她的家。帳篷在二〇二四年九月第二度被清除，之後她採取機動做法，晚上把帳篷放在這裡，白天再收起來，她要繼續守在家門口。

許素華是一位公務員，有人人稱羨的鐵飯碗，為什麼她會住在帳篷？

早期「三重鎮舍人公地管理委員會」，擁有三重市大同南路一三九巷、一四三巷、一七二巷周圍二千八百多坪土地，購地資金來自信徒捐贈。民國

許素華位於新北市三重一七二巷的家，二〇一六年被強拆後，九年來她守在家門口以帳篷為家，要求政府為行政疏失道歉。

四、五十年間，管委會出賣部分土地給附近居民。

當時，許素華的外婆向管委會購買十二坪土地，以及地上已蓋的二層樓房屋，一樓是父親經營的宮廟，二樓是她阿姨所有，但土地跟建物都沒有合法登記。早期這種情況很多，許素華家附近共有三區，她家這區跟隔壁一區，已被建商購買。跳過馬路的另外一區，目前新北市政府委託居民代管。

許素華從輔大中文系畢業後，在一家公立圖書館做職務代理人，有一天正職人員到任後她必須離開，讓她很挫折，做得那麼開心的工作，卻無法繼續，心想不如自己來考一個。於是白天工作、晚上回輔大唸圖書資訊系，終於如願考上公務員，先分發到高雄，後來轉調國家圖書館至今。

雖然有固定薪水，但為了照顧弟弟身後留下的三個小孩，許素華沒有太多存款，不過她不在意，家雖然簡陋，可以遮風蔽雨就好。穿梭在淡水河兩岸的工作、住家間，平順的日子，讓她感到充實飽滿。

直到二〇〇八年，她被圓富建設告「拆屋還地」，她、以及家族的命運，有了天翻地覆的轉變。

二

二〇〇二年台北縣政府（現為新北市政府）曾經找住戶辦都更，承諾免費舊屋換新屋，但因許多住戶反對，二〇〇七年宣告失敗。隔年，突然有建商（圓富建設）來跟住戶說，這裡要都更了，要跟他們協商補償，請他們遷離。

這時，許素華才去查究竟發生了什麼事，原來舍人公的土地，在一九八八年被一位委員的女兒林東卿，偽造文書將土地過戶到她家族的「祭祀公業舍人公」名下。一九九三年林東卿被判刑，法院拍賣這些土地給圓富建設。

之後圓富建設向台北縣政府申請都更，並向不願意拿補償金遷離的住戶，提起「拆屋還地」訴訟。許素華的地有三筆地號，被建商分兩案提告，分別在二〇一二年、二〇一六年判她敗訴，建商還追討她五年占有租金，每個月從她的薪水中扣除，讓她原本就拮据的生活，更雪上加霜。

每次說到這裡，許素華就壓抑不住心中的不平與怒氣，「我很在意他們汙衊我無權占用，我們明明有買地跟房子，是因為三重市公所不查，才被偽造移轉。又因為法院不查，才被法拍，我們的地是被盜賣的。公部門的誤失，造成人民受害，國家都不用負責嗎？」

接著建商在官司勝訴後，申請執行拆屋還地，許素華借貸一百五十萬元反擔保，暫時擋下。但她的家，最終在二〇一六年三月十六日遭到強拆。

那天，在大批警力、消防車、怪手包圍下，許素華本來死守屋內，後來怪手把牆壁敲開，消防車往屋內灌水，她只好倉惶逃出，隨即被警察隔開。看著家一片片被敲下，她隔空撕心裂肺大喊：「那是我的家……。」

之後建商還向她索取一百四十八萬元執行費，費用又亂灌水，例如一樓宮廟「退神」就跟她要十幾萬，後來她問有道教大法師執照的林金連，他說：「退神要好幾個小時，那怎麼叫退神？」經她抗告後，減到八十萬元。

另一個讓她無法接受的是，依法令規定，建商是以安置舊違建戶所需的樓地板面積，才取得容積獎勵。都更後，應該留給住戶相同坪數的房子，但卻只依公共工程拆遷補償金計算、甚至告居民。過去內政部對此曾表示，建商違反都更法令，但也沒有做什麼，要求他們改正。

許素華說話有條有理，資料也整理得非常清楚，不愧是圖書館員。更讓人佩服的是，她靠自己的力量，查出家被盜賣的來龍去脈，把資料寄給監察院、國家人權委員會、行政院等單位，但所有陳情都石沉大海。

她用一句話總結她的遭遇：「這是公私協力，盜賣我的家。」

三

拆屋後家人四散，但許素華堅持不離開、也不跟建商談補償。「我又沒做錯事，為什麼我要離開去租房子？這整件事太超過了，都更是為了促進公共利益，但這是公私協力掠奪私人土地。」許素華說。

拆屋後，家變成圓富建設的停車場，一開始許素華在住家原址前停一輛小貨車當車屋，後來車子多次被拖吊，要支付拖吊費，又要請朋友把車開回來很麻煩。之後，蘆荻社大的朋友合買一個帳篷送她，為了防雨，她在上面加上多層塑膠袋，並用大夾子夾住。為了怕貓跑進帳篷，在開口處別上整排大別針。

每次進出帳篷都無比艱難。她要先把拐杖放在一旁，蹲下來把別針一一拆除，再跪下來慢慢爬進去。法律書、裝訂成冊的資料，占去帳篷大半空間，再加上保溫瓶、檯燈、一包包衣物，剩下的空間，只夠她弓著身體躺下。許素華本來睡地上，一下雨衣服就濕掉，後來買一個三折躺椅，情況才改善。

巷子對面一整排房子都是老鄰居，住在被拆的家原址，又可聽到鄰居的談話聲，熟悉的環境讓她覺得安心。鄰居都說她太固執，告不贏政府、打不過建商，為什麼要這麼堅持？陪上自己的人生，也太不值得。

但她不願意離開這裡，為了還債，也沒有多餘的錢租房子。就算有，她也不願意，她認為唯有過這樣刻苦的生活，才能激發鬥志。

「還好我有工作，專心工作也比較不會胡思亂想。」提到工作，她的臉上出現一抹微笑，她在總圖的讀者服務很有口碑，很多人都喜歡找她。接著她提起一件事，有一次告她的圓富建設律師來找資料，看到她有點尷尬，假裝不認識。她注意到建商律師找的資料是「拆屋還地」。

早上六點起床後，把電腦、換洗衣服放上腳踏車前、後座，車子一下就變得相當沉重。她先到光興國小旁邊的同安公園盥洗，再騎車上中興橋，沿著機慢車專用道，慢慢穿越淡水河進入西門町，再到國家圖書館上班。夏天很熱，騎一個多小時就滿身大汗，上班前先到二二八公園洗手間換乾淨衣服。

她跟同事相處愉快，大家都同情她的處境，警衛跟她說可以用值班人員的淋浴間，但她拒絕了，「我不想讓自己過得太舒服，那會影響我的鬥志。」

她喜歡午後一點到九點的晚班，下班後到總統府旁的公車亭，滑滑手機放鬆心情，再慢慢騎回三重，稍微梳洗後，回到帳篷倒頭就睡。她說：「很多有錢人住在豪宅睡不著，我比那些人幸福多了。」

她把上班以外的時間，全部用來讀資料、看法律書、裁判書、寫陳情書，把過程打成大事記，便於別人理解。心情軟弱時，她會看德蕾莎修女或甘地自傳，睡前讀一段聖經，給自己加油打氣。

她讀書的地點，大多在附近圖書館或閱覽室，晚上九點閱覽室關門後，轉到光興國小門口路燈下。或拿一把椅子，坐在通往忠孝碼頭堤頂的樓梯轉彎處下方，那裡有一盞燈，晚上十二點再回到帳篷。

許素華把生活水準降到最低，每個月的薪水除了還債、資助家人租屋外，只留幾千元自用。為了省錢，中午她在便宜的自助餐店，買一個便當，多買一碗飯、一個菜，就可以吃兩餐。問她第二餐飯不是冷了？她用有點俏皮的音調說：「對，但依然美味。」她只喝白開水，有時買一小瓶養樂多幫助消化。

她雖然窮，但不取任何不屬於她的金錢，有一次她坐在光興國小門口看資料，一位小姐拿著一百元走到她面前，遞給她：「妳掉了一百元。」

「那不是我的錢。」許素華抬頭看著這位小姐，搖搖頭。

「妳先拿著，等一下有人來找再給他。」許素華只好收下。

看著這位小姐的背影逐漸走遠，知道她以為自己是遊民需要幫忙，「我感謝她的好意，但我不能要。」不久，就把這一百元捐出去了。

許素華服務的國家圖書館，就在總統府旁邊，對面是中正紀念堂，距離立法院也近，都是集會陳情的地點。基於地利之便、又感謝這麼多人幫她，只要有空，她一定去幫忙，但她謹守公務員分際，只低調幫忙舉牌。

經過九年，她說已經習慣這樣的生活了。如今她遠離朋友親人，沒有社交生活，餐風露宿、負債累累。問她如果時間重來，是不是還會走同樣的路？

許素華一度若有所思，但接著說：「我已經走下去，沒有回頭路了。」說完這句話，她又陷入沉默，然後提起家人，「其實，我犧牲很大，我讓家人四散，現在大家都低薪，租房子很辛苦，我當時這麼做，沒想到後果。所以現在只留吃飯錢，其他都幫助他們，盡一點道義責任。」

說到這裡，常說自己已無感情的許素華，也一度哽咽。

四

即使這麼刻苦的生活都不可得。二〇二三年四月四日清明連假，下午三點五十分，許素華傳LINE給關心她的朋友，「帳篷被清走了。」另外附了一張照片，原本放帳篷的位置，停了一輛計程車。

許素華坐在帳篷已被清走的地上，看起來很懊惱，平常都會帶走的筆電，剛好前一天印了很多資料，就想這天好好來看，於是把筆電放在帳篷。被清走的，還有向圖書館借的三十多本書、衣服、棉被、LED燈、手杖、輪椅……。她打給三重分局、清潔隊，都說清走的東西，已經銷毀了。

這造成她很大的經濟損失，不但要把被清走的東西再買回來，還要賠償圖書館借的那三十多本書。說到這裡她更生氣，「那些書都有貼標籤，一看就知道是圖書館借的，至少丟進還書箱吧，怎麼會是廢棄物呢？」

姊姊的女兒勸她去跟姪子住，她有點不悅，「我都努力這麼久了，我要繼續睡在這裡，看他們要把我怎麼樣。我如果去別的地方，就沒意義了，土地被盜賣不抗爭，我還是人嗎？」姊姊的女兒聽完後，嘆了一口氣不再說話。

確定東西拿不回來後，她第一個念頭是：「我需要一個新帳篷」，連續假期很多商店沒開，上網找到附近一家有營業的戶外用品店，從包包拿出二千元，請姪女去買一個。四十分鐘後帳篷買回來了，許素華跟姪女兩人，開始研究如何打開、收合，過程中說說笑笑，「你認真一點好不好，不是這樣收啦。」練習多次後終於學會，兩人又開心歡呼，「太棒了，我學會了。」

我在旁邊看著這一幕，覺得很夢幻，想著，如果換一個場景，她們也可能是在露營區，做相同的事情。姪女跟鄰居借掃把，清除地上的石塊，那天是農曆二月十四日，新的帳篷在滿月照亮的夜空下，又回到原來的位置。

得知許素華的遭遇，四月六日多個民間團體聲援她，到三重分局開記者會抗議。徐世榮說：「素華已經被迫害到，只能在被拆的家門口，搭一個帳篷，在黃線以內，不是以外，沒有影響交通，不是所謂的移動式障礙物。帳篷已經在那裡多久了，你們是昨天、前天才知道嗎？政府竟然如此迫害百姓。」

徐世榮愈說愈氣，「昨天還在問東西能不能還她，環保局竟然說已經銷毀，難道不能保留一、二天，看是不是有人遺失，讓他們有機會領回，沒有。環保局說沒有電腦，清除什麼都沒記錄，你把人民的財產當垃圾嗎？」

許素華說：「拆除前應該先通知我一下吧，你們都知道我在附近，拆我家那天，警察的便當還我出的，怎麼會說不知道帳篷是誰的？」

三重分局則說，三月二十九日已經在帳篷上夾一張公告，「移動式道路障礙物，如果不自行清除，就要依《道路交通管理處罰條例》第八十二條取締、告發，並會同清潔隊逕行清除。」強調程序已完備。

但這張公告是寫「四十三號前」，「移動式道路障礙物」也只寫花盆、請勿停車告示牌、桌椅，並沒有寫帳篷。而帳篷對面就是四十三號，門前也剛好放了兩張大椅子，許素華以為是這些標的物，還把公告拿去給他們。

三重分局不但違反「行政行為應明確」原則，而且清除的物品，理當放置數天，等待所有人領回，卻直接銷毀，並不符合正當處理程序。

一位地方環保局副局長說，類似情形，清除的物品一定會放至少七天，等待領回。他舉例，候選人違法放旗桿，一支才十幾元，推測也不會來領回，但還是依照這個原則辦理。他強調，三重分局的處理方式並不恰當。

事後她提告三重分局，但在二〇二四年九月十日收到不起訴書。三天後，三重分局又在她的帳篷上，貼自行清除公告。而早在一個月前，停車場已開始整地，評估帳篷很快又會被拆除，她提前打包物品，再買一個小帳篷備用。

九月十九日許素華休假，照例在光興閱覽室整理資料，下午一點去買便當前，先繞到帳篷看看，發現帳篷已經被清走了。連帶著，她在這裡刻苦八年的痕跡，也全部被抹去。她沒有太沮喪，或許早在預料之內，但她沒有要離開，打電話請姪子送來備用帳篷，「我要繼續睡在我家原址。」

二〇二五年七月，許素華即將從公職退休，之後呢？

她略微提高音調，「我會繼續奮鬥下去，如果要不回我的權益，至少真相要被揭露，政府要出來道歉，不要以為人民都這麼好欺負。」

五

許素華在抗爭過程中，認識很多朋友，其中跟她有相同命運的是賴碧珍，她們常常互相加油打氣，期待運氣有時會站在她們這一邊。

從台北捷運松山新店線，最後一站新店出來，左轉後走幾個階梯上河堤，就會看到碧潭，不遠處是農業部農水署。再過去，是賴碧珍的小長屋，盛夏坐在沒有冷氣的屋中，還能感受屋外吹進的幾許涼風。

這間老宅，是日治末期，賴碧珍的外公蔡金木蓋的，被稱為「蔡家老宅」。土地權屬從日治時期水利組合，到國民政府一九四六年成立的農田水利協會，再到一九五六年的台灣省瑠公農田水利會。二〇二〇年十月一日，瑠公農田水利會，納編為農業部農水署瑠公管理處。

小長屋有七個一條龍的房間，正中央是佛堂，兩側有三間臥房，另外三間是起居室、廚房、飯廳。門外沿著小長屋，有一整排植物，花木扶疏，透著城市中難得的歲月靜好。一九五三年蔡家在這裡入籍、繳房屋稅，至今還留著紅底白字的房屋稅籍牌，賴碧珍在外婆過世後，繼承了這間小長屋。

一九六五年賴碧珍在這個老宅出生，瑠公圳是她的遊樂場。放學後，她總是踩著圳邊的石頭，下到圳裡游泳，累了，再攀著石頭爬上來。大人則趁有陽光的日子，在石塊上曬棉被、蘿蔔乾。傍河而居，不知歲月。

那時沿圳有一整排樟樹，生於大正七年（民國七年）的外婆，在初冬落葉紛飛時節，一掃就是一麻布袋。一直到現在，賴碧珍還記得，每當清晨聽到外婆掃落葉刷刷刷的聲音醒來，心中都會浮現幸福與喜樂。

蔡家以前有幾個通鋪，常常收留附近的苦力長住。圳道開挖時，外婆常要賴碧珍把茶水放在外面奉茶，也常要她去問工人，要不要喝三合一咖啡。賴碧珍留著一張外公穿木屐、西裝，牽著腳踏車在圳邊的照片，看起來相當派頭，印象中，外公說話很大聲，眼睛很大，她有點怕他。

生於明治四十三年（民國前二年）的外公，為什麼會到瑠公圳邊落腳？賴碧珍猜測，可能跟外公的父親有關。新店捷運站以前是萬新鐵路其中一站，一九二一年通車後，主要載運萬華到新店的旅客及貨物，鐵路於一九六五年拆除。三十四年後，一九九九年台北捷運新店線通車。

當時，以鐵路沿線為中心，發展出許多工作機會，吸引外地人來到這裡工作。外公的父親是鐵路鍛鑄工，外公則在萬興鐵路旁賣麵線羹。

賴碧珍的外公跟水利會關係很好，當時很多本省人、外省人在這裡工作，有時發生糾紛被帶到派出所，警察就會請外公去協調。此外，水利會也常請他幫忙勸導附近住戶，不要在圳邊養豬、養雞，污染水源。

隨著賴碧珍的外公、父母相繼離世，兄弟姊妹各自成家，老宅只剩下她跟外婆相依為命，但歲月靜好的日子，卻在二〇一二年戛然而止。那年，一位鄰居受建商委託來跟她說，老宅蓋在別人土地上，要他們快點搬走。

「不可能，我們家是合法的。」賴碧珍覺得不可思議，從小到大，這裡就是她的家，為什麼突然有人說她家是違建？

不久消息也傳到外婆耳裡，有一天問她：「遮是咱兜，是按怎有人叫咱搬走？」賴碧珍安慰她：「阿嬤妳好好仔踮，我來處理，妳毋免煩惱。」

那時外婆已經有一點失智，賴碧珍連家中的擺設，都不敢更動。百歲人瑞陳罔市遭迫遷的消息傳開後，許多人投入搶救，讓這件事備受矚目。二〇一九年外婆以一〇三歲高齡辭世，住院期間洪箱曾多次來探望。

後來洪箱病重時，體認到身邊有親人照顧的重要，常常打電話給單身無子的女性朋友，擔心她們老後無人照顧。她打給王嘉文，「妳無尪無囝，後日仔若破病親像我按呢，啥人欲共妳照顧？」王嘉文回她，「袂啦袂啦。」

洪箱特別心疼賴碧珍，沒有親人依靠，還面臨失去家的恐懼，賴碧珍多次接到她的電話，但都反過來安慰她，「我無代誌，妳家己好好仔照顧身體。」目前小長屋只有黑狗酒窩陪著她，她答應阿嬤，會把家保留下來。

六

蔡家老宅是一起從日治末期，過渡到國民政府時代的房地產權糾紛，類似的案例很多，他們都已世居當地多年，有些房子在國民政府一九四五年來台之前，就已經存在。當時國民政府要求人民，在很短的時間內登記，沒登記的，依《土地法》第五十七條，變成國有地。日後政府要用到這塊地或出售，這些房子就變成占用戶，面臨拆屋還地的訴訟。

台灣光復後，各地農田水利會，接收大片國有土地，為了保障居住權並解決占地問題，水利會訂定《農田水利會會有被占用之非事業用土地處理原則》，讓土地占用人，可以優先購買、或承租土地。

賴碧珍的外公，曾多次向水利會提出購地申請，但水利會都以機關用地無法出賣為由拒絕。二〇〇五年到二〇〇七年瑠公圳整治時，賴碧珍也詢問瑠公農田水利會，希望把地賣或租給她，但水利會回答，不賣也不租。

二〇一〇年瑠公圳第一期工程完工，這年是建圳二百七十年，水利會邀請陳罔市，以世居耆老身分拍攝影片，見證瑠公圳的歷史。當大家讚嘆老宅是一部活歷史時，沒想到隔年，水利會就把老宅分割成數筆土地，以無人居住的空地賣給建商，世居長達八十年的老宅，反而失去優先承租或購買權。

之後，建商對她提告拆屋還地，並向她追討占地租金，扣留她另一塊繼承共有的小坪數土地，也試著查扣她的所得。她感嘆：「我的人生已經被建商框住了。」那陣子因為頻繁跑法院，賴碧珍辭去工作，一開始她感到恐懼，看過精神科，但吃藥身體反應很大，吃了三天就把藥全丟了，她要靠自己。

二〇〇九年十二月十日，台灣施行《公民與政治權利國際公約及經濟社會文化權利國際公約施行法》（兩公約），依照第二條規定，《兩公約》具有國內法律效力，理論上適用於行政及司法，但實務上，判決卻相當分歧。

《兩公約》的「適足居住權」，主要規範在一般性意見第四號第十一條第一項，它提到，使用權的形式很多元，也包括占有土地。各種形式的居住權都應該被保障，避免強制驅離，政府也要提供協助，以免當事人流離失所。

在現今所有權為大的土地制度下，沒有所有權的人，會主張居住權，一定有他的道理，上法院也偶有勝訴機會。這表示，有些法官在所有權之外，也會依個案情況，考量居住權、以及其他法律規定。

建商分兩筆地號，告她拆屋還地，其中一筆，台北地方法院二〇一四年一審時，判決賴碧珍勝訴，因為法官認為，《兩公約》也適用於私權。

台權會執委翁國彥，在座談會中提到一個例子，有一間占地興建的宮廟，地主提告拆屋還地，法官判決這間宮廟不當得利，但不要求拆除，因為這間廟是當地的信仰中心。這表示，在所有權之外，也出現信仰自由的考量。

台權會秘書長余宜家，則提到另一個例子，法官考量占有人年事已高，判決在他過世後才拆除房子。另一個例子，位於高雄市前鎮區、從一九五〇年代就存在的「拉瓦克部落」，二〇二二年底高雄高等行政法院，判決高雄市政府敗訴，是依據《原住民族基本法》、以及《兩公約》的適足居住權。

二〇二四年三月高雄市政府決議，以設定地上權，將部落居民安置在鳳山區一塊土地上，獲得圓滿解決。美中不足的是，高雄市政府是在官司敗訴後才這麼做，突顯政府在處理類似爭議時，沒有一個可供依循的準則。

不過除了那一次勝訴，賴碧珍其他審的法官認為，《兩公約》並沒有明文規定適用於私權，於是依《民法》第七六七條，「所有人對無權占有或侵奪其所有物者，得請求返還。」判她敗訴，並在二〇一八年定讞。賴碧珍的律師黃昱中認為，這表示法院對「非法占用」與「適足居住權」，沒有明確見解。

另外，一審判決賴碧珍勝訴的法官提到，蔡家老宅是從一九五〇年代，就在這裡入籍，已具備「時效取得地上權」要件。依《民法》第七六九條、七七〇條，「十年或二十年間，和平、公然、繼續占有他人未登記不動產，得請求登記為所有人。」

但黃昱中說，要取得時效地上權並不容易，因為這條是「登記請求權」。依照《時效取得地上權審查要點》，占有人提出請求時，會通知土地所有人，他一定會提起訴訟，只要有訴訟，請求就會被駁回。雖然有學者認為，這條不是請求權，是時效到、權利就形成，但實務上，法院多採請求權觀點。

七

二〇二一年七月七日，監察委員高涌誠的調查指出，蔡家老宅雖然經最高法院判決拆屋還地，但水利會法制與出售作業，仍有疏失。瑠公水利會二〇一一年、二〇一二年出售土地，是依《台北市農田水利會不動產處理要點》，這個要點的確沒有規定，要給土地占用人優先承購權。

不過瑠公水利會長久以來，未能依這個要點的第二十四點規定，訂定相關作業規範，比照《農田水利會會有被占用之非事業用土地處理原則》第三、四

新店瑠公圳蔡家老宅，是一棟日治末期蓋的小長屋，蔡家第三代繼承人賴碧珍，持續爭取居住權，為保留小長屋努力不懈。

點規定，對於被占用土地，已有建物者辦理出租，並於土地公開標售時，給予占用人優先購買權，造成土地占用人、與所有權人間的糾紛，確有疏失。

一個月後，賴碧珍依這份監察院報告，向農業部農水署，提起水利會標售土地無效訴願。被駁回後，向台北高等行政法院，提起行政訴訟。再被駁回後向最高行政法院抗告。二〇二三年一月三十一日，裁定抗告駁回，理由是水利會送農水署備查的賣地案，並非行政處分，不屬於行政法院審理範疇。

徐世榮說：「權利應該是延續的，老宅在中華民國政府，民國三十四年來之前就已經存在，有入籍資料、實質占用、生活將近八十年的房子，一點權利都沒有嗎？」他認為，台灣實際土地權利的權屬、樣態、類別，比《民法》、《土地法》規範的更複雜，但政府、法院都不管現實狀況。

台北地方法院執行處，在二〇二一年四月二十六日，進行強拆前履勘，當天因大批民眾聲援作罷。第二次是二〇二二年四月二十七日，疫情期間賴碧珍確診在家隔離，聲援者要求暫緩履勘，不過最後還是完成了。

二〇二二年七月四日，趕在《憲法訴訟法》舊案最後期限，賴碧珍向憲法法庭提出「時效取得地上權」憲法訴訟，這是她最後保留老宅的機會。

就在等待開庭中，二〇二四年七月二十六日，法院第三次到老宅履勘，執行官表示，如果沒有停止執行事由，將繼續強制執行程序。十月十一日，賴碧珍的律師收到法院通知，十一月二十一日上午九點半將強制拆除。

賴碧珍說：「我無法接受。我很尊重司法，深信司法會還我一個公道，但我發覺，殘害我最大的才是司法。希望國家人權委員會、監察院、司法、有權力的人，能保障我的居住權、生存權，讓我在這塊土地上活下去。」

隨後，人權律師、地政及文資學者、民間團體發起搶救行動，一周內舉行多場記者會聲援。預計拆除前一周，兩幅大型布條已掛在門外，一幅白底紅字寫著：「水利會違法賣地害民無家，公義何在」。另一幅紅底白字則寫：「建商非法掠奪土地，強拆合法房屋違憲，李茂財拆我家」。

朋友紛紛勸她，先把重要物品帶走，但屋內所有東西，依然原封不動放在它該在的位置，佛堂前依然供著冬季碩大的橘子，外婆的旗袍還是一件件掛在起居間，承載著八十年記憶的書籍、照片，各安其分在各個角落。

賴碧珍態度從容，「這牽涉到我個人生存的意志與尊嚴，我後半生還要活下去，如果我沒有盡全力抵抗就屈服，我會沒辦法活下去。」

就在拆除前幾天，台北地方法院執行處來函，取消拆除計畫，讓賴碧珍跟聲援朋友，暫時鬆一口氣，但他們也明白，這只是風雨前的寧靜。

未來會如何？賴碧珍決定坦然以對，「我是一個佛教徒，該面對的，我會勇敢面對，該努力的，就堅持去做，至於結果，老天自有安排。」

結語

幾乎每一位聽到許素華遭遇的人，都對她深表同情，也佩服她不妥協、持續以帳篷為家的毅力。但另一方面，也覺得她為此做出的犧牲，太不值得。她的不幸，是很多原因造成的，而這個原因，如今要追究已相當困難。

而建商依法對許素華有賠償責任，新北市政府應該居中協調，讓她得到公平對待。然而，不介入、不協助，還兩度拆除她的帳篷，毫無憐憫之心，何況市政府還可能違法在先，卻不調查許素華提出的事證。

至於賴碧珍，她的房子是合法的，而且依監察院調查，瑠公農田水利會賣地過程確有疏失，不能以《民法》第七六七條，否決她的一切權利。基於老宅的歷史淵源，新北市政府同樣應該介入，協助她得到應有的權益。

第十一章
大林蒲遷村

十大建設徵收阮的土地，污染一大堆，建設無半項，遷村毋知當時，政府莫閣按呢耍百姓矣。

——黃義英

一

大林蒲是早期高雄的漁米之鄉，一九六〇年代，政府在這裡的台糖甘蔗田，設立臨海工業區。進而在七〇年代推動十大建設，以一坪三百多元，徵收大林蒲農田，設立大煉鋼廠、大造船廠。隨後中油、台電、以及下游廠商陸續進駐，臨海工業區擴張成五百多家工廠，年產值近九千億元的工業城。

自此，大林蒲變成一個被八百根煙囪包圍的孤島，開始半世紀在煙囪下的日子。良田、海岸消失，換來空污、噪音、不便的交通、還有工安事故。

要到大林蒲，得先經過卡車、貨車、拖板車的車流洗禮。從高鐵左營站出站，搭紅線往南的捷運，約三十分鐘抵達最後一站，小港。一號出口是中鋼公司，走出站外，迎面而來的，是一部接一部，轟隆隆駛過的貨櫃車。

從捷運站再搭車往南，進入臨海工業區，它占地一千五百公頃，是台灣最

高雄大林蒲因政府推動十大建設，變成被八百根煙囪包圍的村落，居民舉行反空污遊行，要求改善。左一為黃義英、左四為洪秀菊。

大的工業區。要到大林蒲，必須穿越兩旁煙囪林立的中林路，身邊呼嘯而過的卡車更多了，路的盡頭，就是大林蒲。

大林蒲包括鳳源里、鳳森里、鳳林里、鳳鳴里、鳳興里、龍鳳里，俗稱「沿海六里」。又分為大林蒲、邦坑、鳳鼻頭三個區域，統稱為大林蒲。

一九五六年在鳳鼻頭出生的黃義英回憶，「自國校開始，我就綴阮爸爸、媽媽去佈田、割稻仔，收成了後，種豆仔、番薯，做甲真歡喜。無作田時陣，就去海邊掠魚仔，生活過甲足好。彼陣大林蒲是高雄經濟第二好的所在。」

「自從十大建設徵收阮的土地，共阮祖先拍拚的一千六百外公頃，攏徵收去，一分地十萬箍，馬有七萬、八萬的。自彼陣開始，阮的甘苦就來矣，逐工烏煙瘴氣、臭味。田無矣、填海造陸漁業被破壞，一項經濟攏無去。」

為了替故鄉爭取環境改善，黃義英跟太太洪秀菊，成為大林蒲最知名的環保夫妻檔，只要大林蒲又要設污染工廠、開路、修訂跟空污有關的法規，他們就不辭辛勞，北上參加環評會、區委會、開記者會。

「我去台北百外逝，我的退休金攏開佇遮，為著啥物？為著希望這个環境看會較好袂，咱的囝兒序細，生活的空氣較好。毋過改善有限，政府講話攏無準算，毋是為著百姓健康咧做代誌。」黃義英說。

這個逐漸沒落、被遺忘、連高雄人都感到陌生的臨海聚落，二〇一六年十一月十九日，卻出現一批稀客。行政院長林全，率領高雄市長陳菊、經濟部等財經部會首長，中鋼、中油、台電三大國營事業董事長，親赴大林蒲。

這是二十五年來，行政院長首次到訪。

二

上一次是一九九二年，當地爆發慘烈的「五二六事件」。當時，中油大林廠硫磺工廠氣體外洩，多位居民就醫，隨後圍廠抗議。行政院長郝柏村抵達大林蒲，指責居民以環保勒索，鎮暴警察將居民打得頭破血流，事後警方未持搜索票，進入民宅抓走抗議者，起訴三十九人，其中三十七人被判刑，創下環保抗爭史上，違法人數最多的紀錄。

大林蒲居民陳哲雄回想，「圍廠時，我下班也去聲援，那時剛解嚴，威權還在，沒有手機傳遞消息，被打不敢去驗傷。有人被抓，回來不久就死了，事後警察到村子裡抓人，連躲在公廁的流浪漢也打。」

洪秀菊說：「我蹛鳳鼻頭六十四年，親目睭看著政府佇阮遮半世紀以來，種八百支煙筒，污染、工安、抗議不斷。上嚴重是一九九二年中油爆炸，彼陣無像這馬資訊遮爾發達，全國百姓看電視，講原來阮大林蒲，蹛一堆暴民。」

「當初時圍廠閣外月，老百姓手無寸鐵，予陣暴警察拍甲足悽慘，自彼陣開始，長輩攏共阮講，毋通作環境運動，恬恬過日就好。」洪秀菊說。

之後污染還不斷增加，南星自由貿易港區、遊艇專區、國道七號、中油第七天然氣接收站，一個接一個來。中油大林廠甚至在，距離鳳鳴國小一百公尺的地方，蓋溶劑脫瀝青工廠，儘管居民多次抗議，環評還是通過了。

二〇一〇年南星路開通，貨櫃車、砂石車，二十四小時穿梭在大林蒲，家住南星路旁的黃義英，每晚都被車輛噪音吵到無法入睡，隨後他跟鄰居組成「反南星路噪音擾民自救會」，由他擔任總幹事，之後也擔任高雄健康空氣行動聯盟理事長。

洪秀菊則擔任「要健康婆婆媽媽團」南部團長。自此，他們南北奔波，以各種行動，持續為改善故鄉環境，奮鬥不懈。

在他們與地方團體努力下，大林蒲的困境逐漸被看見，媒體陸續到訪，政府也感受到這股壓力。環保署長李應元，上任第一天就到大林蒲，承諾改善空污。高雄市長韓國瑜，上任後夜宿大林蒲，體會環境災民的生活困境。

洪秀菊說，參與環境運動，需要天時、地利、人和，她在鳳鼻頭開服裝修改店，時間較自由，黃義英也剛退休，兩人迎來參與運動的黃金十年。「這規年開時間、開錢，足有價值，我是因為欲予囝孫較好的環境，遮會出來抗議，我欲共政府講，環境愛改善，阮無愛做環境災民。」

三

在「五二六事件」二十五年後，林全跟陳菊，向現場上千位居民深深一鞠躬，並說：「過去政府在工業區的規畫上，保障居民的生活品質上，有很多疏忽，讓各位面對這麼大的困難。」他還說：「過去因為空氣污染、工業區交通衝擊，造成生活上的不便，我代表政府表示歉意，希望盡快改善。」

這天，林全也釋放遷村條件從優的訊息，遷村計畫，風風火火啟動了。

依高雄市政府的規畫，二〇一九年元月起，開始辦理大林蒲遷村安置，一萬多位居民，將離開世居三百多年的地方。

大林蒲也將成為台灣史上，第一個因空污遷村的聚落。

然而，八年後，行政院長已換過四任，高雄市長也從陳菊、韓國瑜、換到陳其邁，大林蒲遷村還只聞樓梯響。陳其邁上任後，雖然多次舉辦說明會，不斷向中央爭取較優的遷村條件。但跟遷村綁在一起，也是蔡英文總統二〇一五年競選政見的「新材料循環園區」，直到八年後她卸任，依然沒有進展。

歷任經濟部長、次長，參加陳其邁主持的說明會時，都強調全力支持他，但經濟部才是循環園區的主管機關，它不動，遷村也動不了。

就連循環園區也名不符實。經濟部說，「園區是把企業在生產過程中，排放的廢棄物、廢水、能源與資源，妥善收集、再生及循環利用。」引發國內一陣循環經濟熱潮，那時，中鋼還在新左營高鐵站，買看板廣告宣傳。

但是，從經濟部提出的環說書，似乎看不出來這個園區要做什麼，只是在「循環」兩字不斷繞來繞去。前經濟部次長曾文生，甚至在環評會中說：「這個計畫不是為了開發工業區，是配合蔡英文總統的經濟政策。」

依當時的環說書，循環園區用地面積，包括大林蒲、既有造地共三〇一公頃。進駐廠商分三類：新材料、循環輔助產業、循環服務業。其中屬於「特殊性工業區」的產業，有一百三十六公頃，占了將近四五％的面積。

因此，雖名為循環園區，實際卻是「特殊性工業區」，空污排放的成分，比一般工業區更複雜，對居民的健康風險也比較高。目前全國有七個特殊性工業區，加上循環園區就是八個。

二〇二〇年四月環評時，有委員問：「進駐的都是台灣的舊產業，請問新材料新在哪裡？又如何說服高雄人，又要多一個特殊性工業區？」

另外引發委員不滿的還有，名為循環園區，但園區用水、用電都要外部供應，廢棄物要委外處理，空污排放要外部抵換。連主持環評會的前環保署長張子敬都搖頭，「本人建議開發單位，更有企圖心一點。」

四

一六六〇年代，福建漳州居民追隨鄭成功捕捉烏魚，在紅毛港、大林蒲之間上岸，看到一大片樹林，依此命名。明清時期，此地位居海陸交通要地而繁華，日治時期，當地酒家、旅館眾多，商業活動興盛，被稱為「小鳳山」。

人潮就是錢潮，吸引外地人來這裡尋找機會，鳳興里里長洪富賢說：「大林蒲以前有一個畚箕穴，來這裡打拚，一個麵攤就做起來了。」

大林蒲居民陳良化，當年就是被大林蒲吸引，從嘉義六腳鄉來到這裡，他說：「以前遮攏是甘蔗園，我佇遮批發果子，下早仔佇紅毛港賣，下晡去大林蒲市場，彼陣大林蒲足熱鬧，生意真好做。」

生意穩定後，陳良化接太太、兒子陳哲雄到大林蒲，相較於嘉義六腳鄉，大林蒲算市區，陳哲雄說：「以前鄉下小學三年級才學ㄅㄆㄇㄈ，大林蒲一年級就開始學了。」日後他在臨海工業區工作，一家三代在此落地生根。

旗津、紅毛港、大林蒲、邦坑、鳳鼻頭，原本陸地相連，一九六七年高雄第二港口興建，把旗津與紅毛港之間的陸地切開，旗津最早脫離這個沿海共同體。接著二〇〇六年紅毛港遷村，沿海聚落只剩沿海六里，到二〇二四年底為止，設籍人口一萬九千二百四十多人，一萬一千七百多戶。

老一輩還知道田是怎麼變煙囪的，年輕一代卻是從小看著煙囪長大。「從我出生開始，眼睛一張開，就看見煙囪，以前不知道什麼是煙囪，慢慢長大後才知道，幹！原來這根叫做煙囪。」大林蒲影像紀錄者林建良說。

三十年前，這裡被工廠三面環繞，至少還有一面臨海。中年人回憶鳳林國小與鳳林國中，都會說：「學校邊仔就是海，下課就去海邊仔迌迌。」許多外地人來此買房，為的也是在頂樓，可以看到美麗的海洋、綿延的沙灘。

後來南星計畫填海造陸，居民連僅有的海也沒了，大林蒲從緊臨海邊，變成離海一公里，成為道道地地的內陸村。而鳳林國小從緊鄰沙灘，變成緊鄰馬路，鳳林國中更變成大卡車奔馳的南星路，只好覓地另建。

填海造陸的一百多公頃，被圍籬阻隔。填海的土方，來自各種成分不明的廢棄物，是造成海水鹼化、地下水含重金屬、底泥含汞的元凶。

「阮囝讀初中的時陣，學校就佇南星計畫邊仔，每工看卡車載廢棄物去填海，化學老師攏共個講，轉去共媽媽講，遮的魚仔毋通食。」洪秀菊說。

「我家以前是面海的三合院，小時候下課就跑到沙灘玩、挖螃蟹，大概國中時，南星計畫才開始填海，我們的沙灘就被剝奪了。每過一陣子就發現，又有什麼東西不見了。」說到這裡，大林蒲居民林宏歷哽咽了，原本家旁邊就是海，現在他卻要帶小孩到墾丁，才能看到美麗的海洋。

空污，則是大林蒲的另一個噩夢。

「大林蒲最大的問題，是周圍被工廠及煙囪圍繞，唯一進出的道路，又多是貨櫃車、重車。工廠加上車輛污染，本身環境就非常惡劣。」時任高雄市環保局長、現為環境部主秘蔡孟裕說。

當時，他還提到一個空污管制漏洞，輪船用油的含硫量，是加油站的三千五百倍，污染量很大，卻無法可管。海風一吹，污染物都往沿海地區傳送。雖然日後船舶含硫量法規加嚴，但卻允許空污抵換，實質改善有限。

環保署空保處長蔡鴻德也說：「臨海工業區是有害空氣污染物的熱區」，他還點名這裡的苯排放量太高。依據二〇一四年高雄市環保局做的「臨海工業區鄰近區域居民健康風險評估報告」，這個地區前五項風險最高的致癌物是：苯、甲醛、乙苯、戴奧辛、氯乙烯。世界衛生組織下的國際癌症研究機構，將致癌物質分為四類，其中，苯、甲醛都屬於有明確致癌性的第一類。

進一步分析，苯的主要來源，是中鋼焦碳製造過程中的逸散，甲醛最主要的來源是鍋爐燃燒，污染熱區是中林路進入大林蒲社區的路上。

中鋼有四座煉焦爐，其中建於一九七〇年代的一、二號濕式煉焦爐，污染量遠大於三、四號乾式煉焦爐。中鋼是全國空污費繳納大戶，空污費應專款專用，但卻沒有用來改善大林蒲空污。

二〇一六年五月，環保署長李應元一上任，就要求中鋼汰換濕式煉焦爐，但中鋼都以各種理由拖延，直到今天還在生產。

中鋼還有一個讓居民頭痛的污染源，自從建廠後，煤鐵礦砂都露天堆置，落塵很大，玻璃一個星期沒擦，就會沾滿鐵屑，白襯衫更不敢曬在外面。洪秀菊說：「更過分的是，堆置場三面都有圍籬，只有面向我們居民的南面沒做。」她當面向林全陳情，林全才要求中鋼把南面圍籬做起來。

洪秀菊把屋頂的落塵掃起來，裝在小玻璃罐內，從二〇一五年起，就跟村民不斷開記者會、辦空污遊行，要求中鋼將露天堆置改室內。不過，每次拿出那個玻璃罐，中鋼都說，那些落塵不是他們的物料逸散。

二〇一五年八月洪秀菊從報上看到，台中市長林佳龍為了改善空污，要求中鋼位於台中的子公司中龍鋼鐵，投資九十億元蓋室內原料堆置場。她立刻到高雄市政府、經濟部抗議：「林佳龍能、為什麼陳菊不能？」

隨後，洪秀菊挨家挨戶拜訪居民，請大家連署，要求中鋼比照中龍鋼鐵做室內堆置場，獲得三千人連署。經過八年，中鋼終於在二〇二三年，將三十多座露天堆置場改室內儲存。洪秀菊說：「感覺落塵真的變少了。」

大林蒲不但變成空污、廢棄物、噪音的集合體，而且工安事故不斷，台電大林廠潛盾工程，二〇一五年九月十八日清晨三點，在中油、中鋼廠區附近崩塌，所幸油氣未洩漏，否則後果不堪設想。

過去每當大林蒲居民抱怨，高雄市政府都說，各項檢測都符合標準。這次林全跟陳菊，突然跑來跟居民道歉，讓居民百思不解。陳菊還說：「長期受國營事業重工業及港區污染，將心比心，這裡是否還適合居住？」

事後才知道，原來是政府要用到這塊地開發園區，才想到給居民遷村，如果能這樣，也是一個遷村的機會，但前提是要給居民充分的補償。然而，政府提議的遷村條件，一變再變，居民就在政治口號中，一年等過一年。

五

林全釋出遷村訊息後，高雄市政府從隔年四月十四日，到六月七日，以兩個月時間，啟動方案調查。方案有三個：土地方案、現金方案、房屋方案。普查結果，八九％贊成，一一％反對。贊成的民眾，八六％選擇土地方案。

八月四日高雄市政府發布新聞，指陳菊已向林全報告，基於九成居民贊成遷村，林全也支持，市府宣布進入籌備階段，啟動地上物普查。

然而，這則新聞稿後，林全從未公開提到這件事，行政院連一篇新聞稿都沒發，中央部會呈現一種詭異的集體沉默。九月林全下台，賴清德接任，行政院發言人徐國勇接受訪問時說，賴清德會全力支持陳菊的決定。

其後，九月十七日高雄市副市長史哲，主持地上物普查說明會，開出的條件更好，除了之前的承諾，還加碼建物不計折舊，以全新價格補償，連沒登記的也賠。並保證：「捨棄徵收的強制手段，改採以地易地，一坪換一坪。」

但這些承諾，卻逐漸變得不確定。

首先，史哲「捨棄徵收強制手段」的保證，很快就被自己否決。二〇一七年十月，他在高雄市議會答詢時說：「不是大林蒲一百二十公頃，都一坪換一坪，只有住商土地才有，農地跟其他土地要徵收。」

接著二〇一八年十月三十日，曾文生跟大林蒲居民座談，更證實史哲的說法，他說：「法律上沒有一坪換一坪，要找到一個法律基礎，就是依土地徵收條例，跟地主以一坪換一坪的方式，協議價購。」

所謂「協議價購」，是土地徵收的一個程序，徵收前要先跟地主協議價購。但這不是像民間買賣的協議，而是協議不成，政府就可以強制徵收。

之前都是市政府的說法，二〇一九年十月，行政院長蘇貞昌終於核定「全國循環專區試點暨新材料循環園區設置計畫」。高雄市政府說，行政院編列五百八十九億遷村預算，不過計畫書中，並沒有看到這個數字。另外，預計二〇二一年四月園區報編，二〇二三年遷村，當然這早就跳票了。

二〇二〇年九月二十七日，在立委賴瑞隆的座談會中，高雄市都發局說，遷村面積一百二十四公頃，其中住商土地五十二公頃，一坪換一坪。非住商土地包括農地、公保地三十二公頃，要徵收。

至於一坪換一坪，怎麼換？

都發局說，會分別列出大林蒲及遷村地區地價，兩個價格去「等值換」。所謂「等值換」，例如，大林蒲一坪五萬元，遷村地區一坪二十萬元，大林蒲一百坪土地，只能換遷村地區二十五坪。

但隨後陳其邁卻說：「一坪換一坪，你不用再出一毛錢，你原來五坪，過去就是五坪，說到做到。」到底誰說的對？

二〇二一年三月十三日，陳其邁舉行上任後第一場說明會，他說，住商土地以每坪十四萬元徵收，遷村地區再專案讓售給居民。目前市府購地成本二十萬元，價差六萬元，由政府專案補助。但只限擁有住宅土地七・五坪以上、商業土地九坪以上者，才有購地資格。

接著在二〇二二年三月二十七日、七月三十日，舉行第二、三次說明會，遷村預算從五百八十九億，再大增百億到六百八十九億。條件愈加愈好，但都只是市府的說法，遷村經費哪裡來？

說法一變再變，讓居民很無奈，洪富賢說：「大林蒲是遷村，不是滅村，是遷村，不是徵收。遷村綁在循環園區，用協議價購，協議不成就依法徵收。大林蒲變環境災民，是政府造成的，為什麼不能用特別法？」

就在政府反反覆覆的說法中，二〇二二年十月二十七日晚上十點半，中油大林煉油廠，發生嚴重工安事故，全面引爆居民的怒火。

六

那天，大林蒲居民先是聽到一聲巨響，緊接著，中油大林煉油廠揚起漫天火光，濃煙壟罩夜空，讓居民徹夜難眠。這是中油大林廠這一年來，第四次發生嚴重工安事故。縣市長選前一個月的這場火，也燒起選戰火花。

面對居民「不遷村就遷廠」的怒吼，趕到現場的陳其邁承諾，選後立刻啟動遷村程序。國民黨高雄市長參選人柯志恩也回應，大林蒲遷村要有明確的時間表。不過，當事過境遷，兩年多過去了，遷村依舊原地踏步。

二〇二三年二月十一日，陳其邁舉行第四次說明會。

二〇二四年二月二十一日，高雄市政府公告「大林蒲遷村安置計畫書」，這是經濟部委託高雄市政府，辦理用地取得、協議價購的計畫。計畫書中詳列遷村地點，在中崙、牛寮、崗山仔新社區一帶。行政區包括：鳳山區中民里、保安里、南成里、前鎮區明正里，簡稱「安置地區四里」。

高雄市政府說，行政院已核定這個計畫，遷村預算提高到八百億元。不過這份計畫並沒有提到遷村經費，行政院也未發新聞稿說有核定計畫。

二〇二四年六月二十二日，陳其邁主持第五次說明會，登記發言的民眾除了少數個案問題外，多數都問陳其邁何時要遷村。

「市長，佇你任內甘有信心遷村？莫閣予人講，你攏作假的。」

「市長，一百空五年到這馬，已經七、八年矣，毋通閣拖落去矣。」

住在大林蒲七十七年的陳玉西說：「大林蒲超過三、四十年的厝足濟，遷村猶未確定以前，如果拄著地震愛修理，我會使共政府實報實銷抾？」

洪秀菊說：「市政府很認真在開說明會，但都只是收集意見，放寬有限、善意不足，不符合多數居民期待，等於浪費時間就對了。而且隱瞞地上物補償不足，無法蓋回原屋型的事實，應該公布不同意建物補償的比例。」

面對這些問題，陳其邁只能尷尬回應：「我們是往遷村的方向走，但有人意見不同，要加速遷村的心聲我有聽到，我也會加速辦理。」

到底會不會遷村？什麼時候可以遷村？連居民都搞糊塗了，陳其邁看起來相當有誠意，不像在騙居民，但一拖再拖也是事實。

「十大建設徵收阮的土地，污染一大堆，建設無半項，遷村毋知當時，政府莫閣按呢耍百姓矣。」黃義英說。

洪秀菊則向政府喊話，「經濟部如果要這塊土地，就講清楚說明白，不要這塊土地，也要好好建設大林蒲，空污要改善。」

為了國家建設，大林蒲居民失去土地、海洋，換得空污、不便的交通、工安風險。自從二〇一六年，林全、陳菊跟居民道歉至今，遷村一再跳票，居民的人生彷彿按下暫停鍵。而且，當年他們承諾，遷村前，所有增加污染的開發案都要暫停。事實上，開發沒有停止，污染持續往上增加。

二〇二四年十二月十一日，環評一次就通過，中油在大林蒲社區外海，洲際貨櫃中心二期的三十七・四公頃土地上，蓋第七天然氣接收站。這個計畫要新建兩座碼頭、六座十八萬公秉儲槽、四條管線最遠穿過大林蒲社區。再加上未來進出船舶，將加重大林蒲社區空污及健康風險。

黃義英、洪秀菊再度為故鄉出征。四點起床，在冬日的夜色中，從鳳鼻頭騎機車，穿越煙囪林立的中林路，到小港捷運站搭到左營站，再轉搭六點五十五分的高鐵到台北。十點先在立法院開記者會，下午兩點參加環評會，回到家已經晚上十點了。千里迢迢只為了替大林蒲的空污難民發聲。

而循環園區的環評，自從二〇二〇年四月二十九日審查進二階，四年八個月後，二〇二四年十二月二十七日，才在大林蒲舉行二階環評說明會。但拿出來的，還是四年八個月前的版本，完全沒有進展。

經濟部長郭智輝說，預計二〇二六年底，完成循環園區設置，但沒說遷村時程。之前的遷村承諾，不知跳票多少次了，郭智輝的說法能信嗎？

大林蒲究竟要遷村、還是不遷了？政壇幾度更替，新的總統、新的行政院長、新的經濟部長，沒有人給出肯定答案。二〇二六年陳其邁卸任，高雄市即將迎來新的市長，不論誰當選，都要給大林蒲居民，一個明確的交代。

結語

大林蒲是一個因國家建設，被犧牲的地方，好不容易政府提出遷村，而且同意一坪換一坪，這是對被污染半世紀的居民，最起碼的補償。然而，行政院長、高雄市長、經濟部長，都當面向村民鞠躬道歉、也承諾遷村了，卻經過八年多沒進展，而且在遷村前，還持續加重他們的污染。

如果政府真的有誠意遷村，不需要跟循環園區綁在一起，專案遷村才能實現承諾，同時，還給村民已延遲超過半世紀的環境正義。

第十二章
坤輿掩埋場

我的囝孫永遠攏會用著遮的土地，我自三十四歲就出來抗爭，為著啥物？為著欲共阮爸爸予我的土地，好好仔傳予我的後生。

——陳明志

一

「苗栗造橋坤輿掩埋場」是洪箱人生最後聲援的案子，她對這件事的投入，最能體現人性美好的一面，無私、堅毅、愛鄉愛土、對不合理之事挺身而出的人性關懷。更令人感動的是，這件事發生在她罹癌期間，她依然把握最後幫助別人的機會，將她人生最後一仗，留給故鄉苗栗。

造橋鄉緊鄰後龍鎮，灣寶里跟龍昇村又很近，車程只要七分鐘，從高鐵苗栗站到這兩地，也幾乎等距，更看出地理上的緊密關係。

問洪箱為什麼會來幫忙？她說：「我看遮的老歲仔，三个加起來兩百外歲閣予人拍，足可憐，實在看袂落去。而且，咱是為著土地，龍昇湖的水，阮灣寶嘛食會著，來鬥跤手，嘛是應該的。」

很多人在尋求協助時還分黨分派，等於排除一半以上的助力。但洪箱不是這樣，她心中沒有政黨，為了這件事，她用盡所有人脈，拜託時代力量立委陳椒華，也拜託民進黨立委洪申翰，還有苗栗縣各黨派的議員。

她還打電話給苗栗縣議長鍾東錦，那時傳言他是坤輿股東，二〇二二年十月縣市長競選期間（鍾東錦參選苗栗縣長並當選），台北市長柯文哲說，鍾東錦曾是坤輿股東，但已退出，不過隨後被鍾的競選辦公室否認。

洪箱的想法很單純，她認識鍾東錦，如果可以直接跟他溝通、動之以情，更有機會讓坤輿放棄掩埋場計畫。有民進黨的支持者批評她是非不分，怎麼可以跟國民黨的黑道往來？但她不以為意，「我拄仔好和伊有熟似，我是按呢想，只要有一點仔希望就去做，阮灣寶當初抗爭，我嘛是這款的想法。」

對此，徐世榮為洪箱抱不平，「她為了幫助鄉親，想盡各種辦法，只要能幫上忙的，不管他是什麼人都去聯絡。鍾東錦也願意接她的電話、聽她的意見，這很不簡單，很重要的是，讓他們得到的訊息，不那麼片面。」

洪箱的人脈很特別，她做過鎮代表、農會理事，為人大氣、又懂得廣結善緣，在地方上早就很有影響力。灣寶這場抗爭，又將她的人脈，從地方擴展到全國，她結交社運人士、學者、官員、民代、記者，獨特的魅力，讓大家都喜歡她，也願意聽她的意見，支持她的行動。

她常說：「我真正足幸運，若無灣寶這場抗爭，可能這世人只有作田。因為土地徵收，予我熟似遮濟人，對別人閣有一點仔價值。」坤輿這一戰，洪箱更把她所有人脈都用上，她一號召，大家都往坤輿聚集。

而龍昇村民對抗坤輿掩埋場，展現的意志力，為台灣土地抗爭，寫下可歌可泣的一頁。尤其這場戰役綿延二十多年，兩代人在投入過程中，重新找回對家、對故鄉的愛，也成為農村精神的典範。

二

二〇〇一年坤輿公司向苗栗縣長傅學鵬，提出在造橋鄉龍昇村一塊一・七九五八公頃的土地上，設置坤輿掩埋場。依當時的環評規定，掩埋場小於二公頃免環評。二〇〇三年二月，坤輿取得「同意設置文件」，二〇〇五年三月通過「試運轉計畫」，只要再拿到「處理許可證」，垃圾就可以進場。

掩埋場隔一條快速道路對面，是明德水庫的灌溉水潭「龍昇湖」，這個湖灌溉苗栗高鐵站鄰近五百甲農地，四周有美麗的環湖步道，是村民重要的休閒場所。他們每年在這裡舉辦南瓜節，展現龍昇村的風華。

如果這裡蓋掩埋場，環境影響是多方面的，包括載運垃圾進出的貨車，影響交通。垃圾逸散的空污，讓空氣變差。而一旦掩埋場的污水滲漏，就可能污染龍昇湖。這些引發村民的危機感，當時就組成自救會抗爭。

地方開發取決於縣市長的意志，換一任首長，就可能出現大翻轉，坤輿掩埋場在二十年間，經歷三任縣長，期間就反覆出現變化。

二〇〇五年十二月，苗栗縣長劉政鴻就任，他反對掩埋場，業者應該也看出這點，直到二〇一一年才向他申請「處理許可證」，但立刻被駁回。

聽到這個消息，村民高興的放鞭炮，自此努力經營社區，如今已是全國南瓜重要產地，更獲得低碳社區、農村再生亮點社區等多個獎項肯定。

然而，二〇一四年十二月，徐耀昌接任苗栗縣長，情勢又轉變，他在二〇二〇年十二月三十一日，核准坤輿重做「試運轉計畫」，期限九十天。聽到這個消息，村民心都碎了，沒想到事隔二十年，掩埋場竟然又來了。

第一代抗爭者已步入中年，當年揹著出門抗爭的小孩，都唸大學了，他們加入父母的抗爭團隊，善用網路，讓這場抗爭訊息廣為傳播。

二〇二一年一月五日，村民決定升級抗爭，請來玄天上帝坐鎮，開貨櫃車擋住掩埋場半個入口。自此二十四小時三班輪守，年長者顧早班，年輕人守夜班。貨櫃車內放了木板床、棉被、桌椅，一盞閃爍的燈泡，牆上貼著緊急聯絡電話。那年冬天特別冷，大伙圍著火爐烤地瓜、南瓜取暖。

後來聲援的人愈來愈多，貨櫃車旁加了一頂大帳篷、一個貨櫃，裡面有設備齊全的廚房，每次開飯都熱鬧滾滾。一大箱用保麗龍保溫的白飯，一大桶香噴噴的滷肉，熱呼呼的貢丸菜頭湯。還有炒高麗菜、炒筍乾、水果。食物溫暖了心跟胃，稍稍忘卻了風寒，吃了戰鬥飯，彼此的感情更加堅定。

那一陣子，洪箱總是穿著紅色羽絨外套、黃色毛線帽，有時站在分隔島、掩埋場四周，幫忙綁抗議布條。有時打電話，邀請各地好友過來聲援，她經常跟村民坐在現場，一待就是一整天，完全看不出病容。

抗爭期間，劉政鴻也來幫忙，還大罵徐耀昌「傷天害理、禍延子孫」。洪箱常常遇到劉政鴻，但兩人沒有交談，她笑說：「伊氣阮氣甲欲死，灣寶是伊的剎星。」這兩人應該沒想到，有一天會站在同一邊。

三

二〇二一年一月二十五日，自救會長陳清鑫、龍昇村長陳吳滿玉，帶著村民搭兩部遊覽車，北上環保署、農委會陳情。要求環保署調查，坤輿是否違法規避環評，要求農委會重視農地水源被污染的危機。

他們先在環保署開記者會，陳明志說：「我生佇遮，嘛欲死佇遮，第一遍抗爭我就攑鋤頭，揹一塊白布條仔去抗議。阮九十四年抗爭，村長的先生予拍甲蹛院，我的車予人潑紅漆。劉政鴻一百年駁回時陣我放炮，想袂到閣來矣。徐耀昌，你是人嗎？這後代呢，無毒會使囥佇伲兜，莫來阮龍昇村。」

龍昇社區發展協會理事長林聰敏說：「我們這麼努力，把龍昇村弄得這麼漂亮，卻換來一個不定時炸彈。污染來，等於滅村，努力都白費了。」

那天洪箱也來了，陪在村民身邊，不搶鏡也不搶話。環保署一位主管接下陳情書，不發一語轉身就走。農委會則因為洪箱跟主委陳吉仲熟，不敢怠慢，請進喝茶，但也是表面敷衍後，就沒有下文。

到中央部會陳情等不到回應，兩天後卻等到怪手打算進場。遠遠看到怪手朝掩埋場開來，留守的村民立刻打電話通報。老人家拿著「垃圾掩埋場，滾出造橋鄉」的手板，一個挨一個，坐在掩埋場門口。一位村民說：「我是為著百姓、囝孫，我已經老矣，食一天算一天，若是害著囝孫欲按怎？」

怪手開到掩埋場門口時，趕來幫忙的村民衝過去擋在前面，「好膽你共我輾過去。」他們手拉著手，對著怪手怒吼：「怪手毋走，阮毋走。」

坤輿這邊也派出相當多人，把村民推倒、拉開，但被推倒、拉開的村民，立刻又站起來撲向怪手。看到這個場面，幾個年輕力壯的業者保全，似乎有點被嚇到而收手，應該沒看過這麼打死不退的老人家。

那天洪箱正好在現場，拿起麥克風對著業者怒吼：「恁看，三个加起來二百外歲，恁憑啥欺負人，欺負二十年矣閣無夠。我會使共恁講，遮老歲仔一定共恁拚命，只要糞埽入去，一定死予恁看。」

想到前天才去台北陳情，垃圾就這麼明目張膽要進場，讓洪箱更氣，「我希望中央愛看著遮老歲仔的決心，毋是親像恁講的，試運轉三個月，遮老歲仔就愛佇遮三個月，政府憑啥擺毋知，恁攏無爸無母嗎？」

不打則已，一打變成頭條新聞，苗栗縣頻頻發新聞稿澄清指控，也保證過年期間，垃圾絕對不會進場。接著，徐耀昌在三月五日宣布中止試運轉，但他說：「他們合法申請，少數為反對而反對的環保人士，我們不會委曲求全。」聽到這句話，村民下定決定，繼續埋鍋造飯，直到掩埋場撤銷為止。

雙方相安無事過了九個月，二〇二一年十二月二十四日，徐耀昌第二次發出試運轉計畫，期限三十三天。事前村民得知業者將在二十八日進場，果然當天上午八點，五十多部轎車，後面跟著兩部怪手朝掩埋場開來。

快靠近門口時，事先集結的村民一擁而上，擋在怪手前面。這次業者保全毫不客氣又拉又推，混亂中有村民被打得頭破血流。直播畫面傳出後，更多人趕到現場聲援，苗栗縣警察局也派出上百位警察到場，把雙方隔開。

六十八歲的林寶蓮趕到現場，先是差一點被掩埋場主管的汽車衝撞，之後被架開、手機被搶走、臉被打傷。二十多年前她揹著孫子抗議，沒想到二十多年後，還要再來一次。她說起當天的情形，心情相當激動，「阮孫攏讀大學矣，你看偌久矣，為著故鄉，我一定欲堅持到底。」

五十六歲的陳明志雖然中風，但他站在最前排毫不退卻，出院後沒回家直接趕到現場，拿起香跟玄天上帝報告，「有一个人共弟子偃倒，害弟子腰佮頭無爽快，請帝阿公替弟子作主，共伊處罰，弟子感謝。」

抗爭傳到第二代，陳明志的兒子陳柏弦，辭掉台北的工作返鄉，在距離掩埋場不遠處，跟朋友合開「南北店公路快餐」，照顧父親同時幫忙抗爭。

二〇二二年一月五日，埋鍋造飯已整整一年，村民得到消息，業者可能在一月十八、十九日再次搶進，各地聲援者陸續到來。果然十七日凌晨，來了許多黑衣人，雙方對峙中，警方加派警力避免衝突。

第二次試運轉，也成功擋下。

四

這次衝突前一天，反對「高雄馬頭山富駿掩埋場」成功的黃惠敏、龔文雄來到龍昇村，跟陳椒華、粘麗玉，以及龍昇村民，在觀賞黃淑梅導演拍攝的紀錄片《馬頭山之戰》後，與龍昇村民分享反掩埋場的經驗。

之前黃惠敏從電視上看到龍昇村民，面對黑道、衝撞怪手、被脅迫還是堅守現場，覺得很不可思議，心想：「這群人怎麼這麼堅持？」第一次見面，看著台下一張張殷切的臉龐，她終於知道了，這群阿公阿嬤打死不退，只為了「把愛找回來」，跟當年她回到馬頭山反掩埋場的心情，一模一樣。

尤其陳明志的一番話，讓她深受感動。

「今仔日，坤輿會使入場矣，我共逐家保證，我一定徛佇頭一个。我一百空六年腦出血中風，一半無方便，毋過我的頭殼無歹去，我的囝孫永遠攏會用著遮的土地，我自三十四歲就出來抗爭，為著啥物？為著欲共阮爸爸予我的土地，好好仔傳予我的後生，所以我自少年到這馬，中風矣，抑是無放棄。」

自從一年前村民開始在掩埋場前埋鍋造飯，陳明志天天都到現場，「我共逐家報告，一年來，我一禮拜有七天、我看是八天，攏佇遮。我自九十年第一場說明會就有參加，到這馬一直當作我拍拚的目標，希望咱會成功，共遮爾好的土地，傳予咱後一代，逐家拍拚，咱一定會贏。」

坤輿掩埋場主要的爭議，是業者是否規避環評，刻意將一些應該算進開發面積的設施排除，讓總面積少於二公頃而免環評。後來環保署修改規定，現在掩埋場不論面積多少，都必須環評。龍昇村民雖然戰勝坤輿掩埋場，但坤輿隨時都可以再提出申請，前提是必須通過環評。

環評過程會經歷什麼？村民又該如何因應？有一個在環評中打敗業者的案例「高雄馬頭山富駿掩埋場」可以參考，在這裡做個對照。

問黃惠敏，為什麼馬頭山純樸的村民，能戰勝資源雄厚的掩埋場業者？她一聽就笑了，「超級簡單，念純力大。我沒有雜念，這些年來只想守護這個地方，我想把愛找回來，也想知道馬頭山的秘密。」

馬頭山位於高雄田寮、內門、旗山交界，因外型酷似馬頭而得名，山下一座供奉石頭公的「馬雲宮」，是村民的信仰中心，也是傳說中馬神的化身。

可寧衛公司計畫開發的「富駿掩埋場」，面積高達二十八公頃，距離山下旗山老街才三公里，一旦空污飄散，這片廣大的區域無一倖免。而且掩埋場還位在灌溉水源二仁溪上游，種種因素，激起馬頭山村民的反感。

「他們千不該、萬不該，把廢棄物放在我們的聖山。」黃惠敏說。

馬頭山早期很多外地人到這裡墾荒，發現這裡水源充足、適合耕作，就陸續住下。黃惠敏的祖父從高雄田寮的鹿埔，搬到三協里、馬頭山正山下，媽媽在這裡開馬頭山第一間柑仔店。墾荒時期人手不足，村民養成共耕習慣，關係非常緊密，這就是馬頭山抗爭現場，總是人潮湧動的原因。

內門區內南里里長沈芳昌，得知馬頭山將設掩埋場的消息後，開始找人出來反對。第一個找的，是住在隔壁的龔文雄，他是內門區觀亭國小退休校長。他跟龔文雄說很無助，大家都隔離他。

龔文雄說：「你是里長，你不出來，後面就沒有人跟你站出來。」沈芳昌一聽不再猶豫，但經常有閒雜的人到他家走動，又讓他很不安。

這是龔文雄第一次參與社會運動，從小長輩就告誡他，不要參與政治，但這一次，他下定決心，「我從小到大，沒為故鄉做過什麼，剛好這件事落到我們身上，我們就把它做好，為家鄉做一件有意義的事情。」

參與的還有在旗山區三協里，開民宿的高淑慧、黃松宏夫婦。高淑慧說：「我一開始想，掩埋場的風一定會吹到我們這邊。我也很在意，掩埋場要用台二十八線做聯外道路，這是大家的進出通道，未來交通污染量一定很大。」抗爭期間，他們設在地下室的自救會辦公室，還被砸，更激起他們的鬥志。

沈芳昌的父親，跟黃惠敏的父親是好朋友，他把結婚離家多年的黃惠敏找回來。黃惠敏回想，爸爸彌留之際還跟她說，想再爬一次馬頭山，這讓她深深覺得，守護馬頭山，就是守護對爸爸的承諾。

二〇一五年五月八日，可寧衛開第一場說明會，一周後，沈芳昌跟居民就組成自救會。六月三十日第一次到高雄市政府陳情，浩浩蕩蕩一千多人，讓高雄市政府很震撼，市長陳菊當天就答應到馬頭山現勘。

五

二〇一六年七月四日，高雄市環保局環評專案小組初審，村民再度在場外集結，場內則跟業者唇槍舌戰。業者說場區沒有活動斷層通過，基地主要由泥岩組成，非屬砂質土層，地下三十公尺內沒有地下水，附近人口也不多。

自救會則一一反駁。會長高淑慧強調，早期馬頭山的山腳有三處湧泉，終年不乾涸。最近自救會在場址附近挖了五口井，每天量三到四次水位，發現地下一、二公尺就有地下水，把井水抽乾後，地下水又立刻湧出來。

龔文雄表示，觀測水位並取出岩心，發現斷層剪裂帶，顯示是斷層活動造成的。另外，經過村民野外地質調查，發現場區有八條連續性砂岩帶（易滲水），並非業者說的，基地主要由泥岩組成（不易滲水）。

至於業者說這裡人口不多，黃松宏說：「這裡明明就有很多住宅，場區一公里內就有數百人，兩公里內有數千人，怎麼會說這裡人口不多？」

沈芳昌說：「我們去年五月成立自救會，九個月來已經連署超過三萬份，包括高雄市二十七位議員。民意很清楚，本區居民堅決反對設立掩埋場。」

七十三歲的村民李當春說，掩埋場西北邊是二仁溪，東南邊是高屏溪跟阿公店水庫，掩埋場不能設在河川上游。「我已經做阿祖矣，是按怎今仔日閣欲來遮？是為著後一代囝孫。富駿你有合法申請權，阮嘛有合法反對的理由。」

他們能在第一次環評，就拿出這麼多證據，全賴一年來的準備。

一開始，他們很茫然，不知道該怎麼辦，有人介紹他們去找陳椒華，她因協助台南東山嶺南村民，反對「永揚掩埋場」成功而知名。她接到居民請託立刻答應，帶他們讀環說書、做地質調查、鑽井。村民一千、五百捐出來支持調查，讓黃惠敏很感動，「環境運動果然是沒錢的出錢，沒力的出力。」

第一口井就鑿在黃惠敏家前方，「我家在這裡上百年了，很清楚常年都有水，而且水下有魚。這個井，我們每次來量都有地下水，還噴發三次。」她母親在住家四周種香蕉，靠著地下水，年年都有好收成。

馬頭山這場戰役，很神奇地集結多位權威學者投入，這麼豪華的陣容，很難再出現第二次。其中，台大地質系教授陳文山說：「從過去一、二十年來的地表GPS測量得知，馬頭山這個區域，有不等量快速變動，表示有斷層。」

生態學者有陳玉峯、楊國禎、黃美秀、劉烘昌等人。劉烘昌是陸蟹專家，他說：「我從一九八九年研究陸蟹以來，沒有看過厚圓澤蟹，一直到在馬頭山才看到。而且洞穴密度很高，一公尺有二、三個，表示量很大。厚圓澤蟹要全身浸泡在水中才能脫殼、長大，證明這裡的地下水很豐沛。」

他另以紅外線照相機，拍攝食蟹獴OI值（每一千小時拍到有效照片張數），發現馬頭山是南仁山保護區的十倍，太魯閣國家公園的五倍。劉烘昌說：「這個地方是生態熱點中的熱點，不保留下來，台灣從此不必談保育。」

屏科大野保所教授、「黑熊媽媽」黃美秀說：「食蟹獴是很重要的指標物種，只有在乾淨溪流才會出現。台灣低海拔的環境，破壞得差不多了，像馬頭山這種環境，應該像撿到寶一樣，留下幾塊綠洲，是很值得做的事情。」

雖然居民拿出這麼多證據，但可寧衛並不在乎，甚至說：「這些保育類動物移動能力很好，施工初期牠們會逐漸離開計畫區。」

黃惠敏說：「個是想講，阮遮的庄跤人無啥物，該攞平的攏攞平矣，毋過個輸咧輕敵，無疑悟阮遮爾認真咧調查，閣拚命學習。」

馬頭山是她小時候牧羊、烤地瓜、玩泥巴的地方。自從十九歲結婚，搬到屏東里港後，就比較少關心故鄉，因緣際會她又回來參與這場戰役。自此開啟她揹起背包、拿著鎌刀，跪爬山區調查的日子，因此學到許多艱深的地質學問。

她也開始紀錄馬頭山的生態，她常跟山裡的動物說：「我會記錄你們，是因為我想幫你們去環評打仗，但你們要出來讓我拍。」曾經朱鸝就真的跑到她面前唱歌，而且停很久，讓她拍完後才飛走。

這次環評結論，補件再審。二〇一七年三月九日第二次審查，主席吳義林就裁示通過，「十二位委員，九位建議送大會，三位建議補件再審。送大會可能通過、進二階或不予開發，委員會只有建議權，要到環評大會決定。」

這是典型的推託之詞，所謂「委員會的建議權」是要在專案小組，由委員做出「通過、進二階或不予開發」的「明確建議」才送大會，不是沒釐清就丟給環評大會決定，這跟南鐵東移案的都委會審查，一模一樣。

送環評大會，等於又過了一關，在這裡，居民將面對更嚴苛的挑戰。

五個月後的八月二十九日，舉行第一次環評大會，我到現場時，遠遠就看到有人跟我招手，那頂西瓜圖案的棒球帽，在陽光下特別醒目，猜測可能洪箱來了。走近一看，果然是她沒錯，旁邊還站著陳文瑾。

放眼望去浩浩蕩蕩，村民搭十八部遊覽車來，井然有序下車後，各自散開站在自己編屬的數字牌下，手上

高雄馬頭山富駿掩埋場，二〇一七年八月二十九日第一次環評大會，洪箱（左三）到場聲援，她的左邊是徐玉紅。

拿著黃底黑字「退回」的手牌。烈日下，從下午一點到六點，安靜坐著，直到會議結束前都沒有離開。

七十七歲的戴雪，戴著斗笠、左手拿鋤頭、右手拿麥克風，汗水沿著臉頰滴下，中氣十足地說：「阮過去攑鋤頭拍拚，八十歲矣閣愛行出來，莫看抰起阮小民，為著後代囝孫，反對掩埋場污染阮的農地！」現場歡聲雷動。

洪箱站上臨時搭建的舞台，看著台下滿滿的人潮，「我看著恁逐家，為著囝孫徛出來，我足感動。高雄是一个足好的所在，以後掩埋場排水若出問題，就會影響咱的健康，希望逐家會當堅持落去，加油！」

之前馬頭山村民並不認識洪箱，會後黃惠敏看照片時看到她，心想「這人我好像看過」。之後在很多場合遇到洪箱，就開始跟她聊，「伊予我足大的力量，這个人足單純、足特別，親像鄰家大姐，伊來矣，你就足安心。」

這天，沈芳昌拖著一只旅行箱走進會場，打開箱子，裡面是一捆捆排列整齊的連署書，他指著這些書件說：「這是二萬六千多張里民的反對連署書，其中最靠近掩埋場的三協里，九成都反對。」高淑慧接著翻開一個檔案夾補充：「高雄市現任二十七位議員，也連署反對。」

當天雙方主要攻防，還是地下水跟斷層。業者說：「過去一年來每周做一次觀測，區內沒有豐沛地下水，也沒有連續地下水位。」

黃松宏先播放村民量水位的影片，大家看到井水噴發，大聲歡呼。「地下三十公尺沒有地下水？這種話也敢講，我們鑽的，噴了一層樓高。」

至於場區內有沒有斷層？業者說：「依中央地調所公告的旗山圖幅，區內沒有斷層帶穿越，也沒有明顯斷層帶錯動的跡象。」

龔文雄說：「怎麼沒有斷層？取出的岩心，都看到斷層剪裂帶。」

會議進行到一半，預定時間已到，擔任主席的高雄市副市長許銘春，宣布擇期再開延續會議。黃惠敏說，其實場內氣氛讓他們覺得，這次一定會過，許銘春宣布擇期再審，反而感到意外。事後推測，可能是陳玉峯在場外說：「李應元（環保署長）講這官商勾結啦。」審查才急轉直下。

二〇一八年八月十五日第四次環評大會，四個月前，高雄市環保局長蔡孟裕，帶隊到馬頭山「拔管」，當場發現六支管未開篩，足以證明業者造假場區沒有地下水。大家期待這次能否決開發，雖然陰雨綿綿，一千多位村民，不辭辛勞來到現場，他們要見證這個光榮時刻，沒想到卻失望了。

七

之前自救會用自製的井底攝影機，觀看水管影像，發現業者的觀測水管，沒有開設水管聯外通水孔（沒有開篩），表示觀測水井自成一個封閉系統，場址沒有地下水的謊言，立刻被戳破。他們到高雄市政府前靜坐，要求拔管，也就是將埋在岩層多年的塑膠水管拔出來，觀看是否有開篩。

擔心環保局跟業者做手腳，自救會要求自己拔管，靜坐到晚上九點，大家還不肯離去。最後，蔡孟裕終於同意，二〇一八年四月十三、十四日，跟業者、環評委員、自救會，一起去現場拔管。

這次拔管行動，再一次把村民的心，團結在一起，黃惠敏在她合著的《台灣惡地誌》書中，記錄了這段動人的過程。

聽到蔡孟裕同意拔管，大家都很開心，但回到村裡又很苦惱，因為他們也不知道該怎麼拔。沒有鑽井公司會接這種案子，只聽過有人要鑽井，沒聽過要把管子拔出來的，而且市面上也買不到拔管工具，最後決定自己做。

負責做工具的，是村裡一群戲稱「喇賽班」的水電工、木工、鐵工，還有卡車運將、修車師傅。這些不同領域的職人集合在一起，跨界交流激發出許多創意，終於找到辦法，還先拔一個自己鑽的井練習。

在導演黃淑梅的紀錄片中，周飛宏說：「你會什麼，就把那個東西想到極致，例如我會做鐵工，就去做一個適合的工具。把能掌握的資訊拼湊起來，沒有人知道會不會成功，但也沒有別的選項，非得面對它不可。」

正式上場拔管，一開始並不順利，塑膠管多次斷裂，村民有的拿鏟子、有的徒手接力往下挖。一個多小時後，地下水管開始鬆動，當第一根塑膠管拔出來時，全場歡聲雷動。連續兩天，總共拔出六根未開篩的管子。

然而就在環評大會前一周，去年自救會向高雄地檢署，控告水管未開篩，造假環說書一案，地檢署不起訴。這讓村民有危機感，八月十日北上監察院，控訴高雄地檢署「無法無天」，黃松宏跟三位男子當眾落髮。

龔文雄舉起一根水管，「有開篩、沒開篩差在哪？有開篩的有孔，才知道有沒有地下水。但富駿一開始鑿井，就刻意沒開篩，我們到現場拔管，有六口沒開篩。這些井是不同時間、不同技師鑽的，絕對不是巧合，有人故意這麼做，要讓環評通過。但檢察官接受富駿說法，公司推給技師，技師推給鑿井廠商，廠商推給領班，再推給工人，最後說工人在國外找不到，就結案了。」

八月十五日第四次環評大會登場，陳菊已經在四月二十三日，轉調總統府秘書長。許銘春則早她兩個月，轉任勞動部長。環評大會由蔡孟裕主持，會議一開始，他先請環保局同仁說明拔管結果，宣布有六根水管未開篩。

不過可寧衛還是說，他們做的調查，除了原有的四口井，又設了十四口，監測發現基地的地下水貧乏。並強調，後續提出的環說書版本，都沒有用到這些沒開篩的水井，並不影響調查內容的正確性。

到了這個時候，可寧衛還是相信，政治力勝過一切。前一天在各大報頭版買廣告，環評大會當天，還請出五位環保界大老、環工所教授背書。

龔文雄代表自救會發言，「從我們拔出沒開篩那一刻起，業者說的，就已經一文不值。地下水井故意不開篩，製造沒有地下水的假象，一本殘缺不全的環說書，還有什麼必要再審？如果繼續審查，是告訴全國民眾，高雄市可以接受造假的環說書。今天唯一的審查正義，就是不應開發。」

最後不記名投票，二十位委員，十二票進二階環評、七票通過、一票不予開發，最後蔡孟裕決議進二階環評。這讓馬頭山村民無法接受，高淑慧、黃惠敏在天色已暗的環保局外，激動落髮，誓為故鄉奮戰到底。

不過，雖然沒有否決，但進二階環評，業者想要重啟環評也很困難，直到現在並未再提起，這場馬頭山反掩埋場戰役，已告一段落。

村民在這場資源不對等的環評中，打了一場不可思議的勝仗，也翻轉惡地的印象，外人得以看到它多樣性的地景，以及在地居民對土地深深的愛。

然而，就像灣寶農地，一塊被覬覦的土地，並不是一次阻擋成功，就能永遠不受侵擾。二〇二四年一月，在距離馬頭山掩埋場預定地，不到一公里的地區，有業者要開發「信鼎壹號光電案」。有了上次的抗爭經驗，這次很快就被擋下。而這次關於這個區域，有沒有斷層通過？意外得到進一步證實。

在陳椒華的記者會中，經濟部地質調查中心表示，這個光電案五十五公頃到六十公頃內，有一六%、約九・七公頃是「山崩地滑地質敏感區」。另外有三分之一、約二十・九公頃，屬於「活動斷層地質敏感區」。

從馬頭山掩埋場、到光電開發，未來一定還會再出現什麼。現在的人會老去，守護故鄉的精神需要傳承，也就是黃惠敏說的「把愛找回來」。

八

回頭來談坤輿。

二〇二二年六月十四日，苗栗縣政府第三度發出試運轉計畫，期限九十天到九月十二日為止。相較過去兩次，這次更關鍵，因為環保署在二〇二一年九月十三日，修改《公民營廢棄物清除處理機構管理辦法》第十四條第七款，「二〇一二年十二月七日前，核發的同意設置文件，應在本辦法修正一年內（二〇二二年九月

坤輿掩埋場是洪箱人生最後聲援的案子，最後在她的協助下抗爭成功。二〇二一年一月二十五日，她跟村民北上環保署、農委會陳情。

十三日）取得處理許可證，逾期未取得，同意設置文件失效。」

事後看來，這個辦法發揮了關鍵影響力，因為村民成功擋到這個期限，讓「同意設置文件」自動失效。不過話說回來，也可能出現另一個結局，就是坤輿打敗村民，在期限前取得處理許可證，開發成功。

行政機關有行政權、調查權，並不是公正第三者，只能訂辦法、擺擂台，讓村民跟業者各自努力。關於這件事，環保署可以重啟調查，看坤輿是否違法少報開發面積，規避環評，而這很容易就可以做到。

「永揚掩埋場」爆發造假環評爭議時，雖然環評是台南縣政府審查通過的，但村民向環保署長沈世宏陳情，他請業者、台南縣政府、村民三方推薦專家，舉行專家會議並重啟調查。最後證實，場址有地下水、有斷層，這個調查結果，成為二〇一一年改制後的台南市政府，撤銷環評結論的依據之一。

七月二十一日凌晨，掩埋場四周出現數百名黑衣人，發動突襲，試圖讓垃圾進場。村民死守不退，黑衣人更毫不手軟，拿長鐵棍打、丟椅子、丟石塊，連劉政鴻、洪申翰，都被辣椒水噴到，十多位村民被打得頭破血流送醫，苗栗縣派出三百多名警察，隔開兩邊人馬，暫時壓住場面。

當天台中高等行政法院的判決，來得正是時候，之前村民提起行政訴訟，掩埋場的面積，應加計聯外道路、場內一座地磅、一棟兩層樓辦公室。判決指出，這三項設施合計〇・二四三九九公頃，應屬於掩埋場的必要設施，掩埋場總面積，應該是二・〇三九公頃，已達到當時二公頃應做環評的規定。

苗栗縣政府也在當天，中止坤輿試運轉計畫。七月二十七日徐耀昌舉行記者會，宣布考量社會安定與和諧，決定不上訴。不過他強調，坤輿當年免環評的決定並沒有錯，法院的見解他表示尊重。最終，對於當年坤輿是否違法規避環評，包括環保署、苗栗縣政府，都未認定有行政違失。

當時鐘跨過二〇二二年九月十三日，業者未取得處理許可證，同意設置文件已失效，村民流下歡喜的眼淚，一切辛苦都有了回報。

洪箱在五天後的記者會中說：「我第一遍來，就足感動遮的老歲仔，這塊土地飼遮爾濟人，掩埋場若做落去，會污染規百甲的土地。我上大的心願，就是佪會使安居樂業，今仔日咱會成功，是咱龍昇村的驕傲，逐家講著毋著？」

「著！」大家回以熱烈掌聲。

時代力量苗栗縣議員宋國鼎，紅著眼眶說：「鄉親在這場抗爭中，最要感謝的是自己，你們真的做到了，為苗栗做了一件光榮的事情。」

抗爭期間宋國鼎出了全力，時代力量三位立委：陳椒華、邱顯智、王婉諭也全力支持，還有洪申翰、在地環保人士陳祺忠也出力很多。

雖然苗栗縣政府不上訴，但坤輿公司上訴，二〇二四年四月二十五日，最高行政法院駁回上訴，坤輿掩埋場事件，暫時告一段落。

當天，陳柏弦在臉書寫著：「看到這個判決心裡很激動，辣椒水在身上燒灼的疼痛，被黑道用鐵棍攻擊的疼痛，還有爸媽被黑衣人、警察推擠到受傷就醫，這些畫面歷歷在目。希望這些不再重演，也想把這個好消息，獻給在天上的箱姨，謝謝您幫忙龍昇村，給我們勇氣。」

洪箱的土地正義行動，始於「後龍科技園區」，終於「坤輿掩埋場」，總計十四年，有始有終，兩者都大獲成功。

結語

這章提到的兩個掩埋場：坤輿跟馬頭山，爭議很類似，都是掩埋場區位選擇不恰當造成的衝突，一個位於水源區，一個位於斷層帶及生態豐富之地。如果不是遇到堅守家園的村民，這兩個掩埋場勢必順利開發。

其實抗爭是可以避免的，前提是政府要盡到把關責任。地方政府把關區位選擇，環境部把關環評程序正義，農業部把關農地水源不受污染。只要其中一個環節盡到責任，就不會衍生之後的抗爭。

尤其中央政府要盡到職責，不是推說地方事務，就可以袖手旁觀，其實可以介入的方法很多。說來，對不合理之事挺身而出，應該從政府做起。

後記

二〇二三年七月四日，我跟徐玉紅到竹北中國醫藥大學去看洪箱，之前聽說她的一些狀況，一路上心情有些沉重。站在病房門口往內探望，看到走道盡頭、靠窗的地方，洪箱坐在輪椅上，笑著跟我們招手。這間單人房有一整片玻璃，視野可以延伸到廣闊的天際，也讓心靈跨越圍籬，去到遠方。

洪箱瘦了一大圈，但氣色不錯，雖然聲音有些沙啞，但表達流暢無礙，這讓我感到安慰。自從二〇二〇年罹癌以來，我從沒聽她抱怨過自己的病情，她總是用平靜的語氣，說著身體的種種，我每次聽了都很難過。

問她身體還好嗎？她說：「嗯，有一點仔無爽快。」

我又說：「天公伯仔誠無公平，予妳著遮爾重的病。」

聽我這麼說，她笑了，「是我家己無共身體照顧好，曷無人害我，怨嘆啥物？如果是別人害的，就親像共阮搶土地，愛共伊拚命。」

她還說，自己已經很幸運了，「這三年來攏毋免別人照顧，會使行來行去，騎機車四界走，會使家己煮食，我已經足感恩矣。」

■

我想，如果她的人生有什麼遺憾，就是張木村的早逝。張木村比洪箱小一歲（實際是兩歲），好不容易二〇一一年灣寶抗爭成功，農地保留下來了，卻在兩年後往生，得年五十八歲。兒女得知媽媽罹癌都很不捨，她反而安慰他們：「莫緊啦，我比恁老爸加活十年，已經夠本矣。」

張木村過世後，洪箱常常陷入無所適從的失落感，一度還到花蓮看心理醫生。土地抗爭不論成功與否，在當事人心中，都會留下傷痕。

為了幫她排解鬱悶，二〇一四年王嘉文、徐玉紅、陳文瑾找她組成「反迫遷媽媽團」，環島關心各地迫遷戶。灣寶抗爭成功後，洪箱成為大家心目中的英雄，體認到自己的影響力，她要把光環分享給眾人。

第一站到台南，吃完飯後，先去逛一家二手店，本來只是短暫休息，沒想到洪箱進去兩個小時還出不來，其他人早就在門口抗議。原來她一一挑選要給孫子的、兒子的、媳婦的、女兒的、姊妹的禮物。這趟旅程還沒出發，後車廂就已經塞滿她買的東西。好不容易出趟遠門，心裡記掛的還是家人。

洪箱幾個妹妹都住在附近，走出家門只要沿著農水路走，就會到洪月家、洪盡家、洪寶玉家，那裡總有家人朋友，在樹下圍桌吃點心聊天。

她名符其實是大姊頭仔，排行第六的洪月說：「洪箱真甘開，見攏出門攏會買物件予阮，有福，逐家攏享受有著，有難，伊就家己扛起來。」有一次洪箱在新竹一家百貨，看上一床棉被，當場下單妹妹們一人一床。

洪箱家煮飯、炒菜都大鍋大碗，菜還沒上桌，她就開始撥電話，「食飽未？阮煮好矣，緊來食。」洪月說：「伊走了後，這馬攏無人悉頭。」

她開始講起更早之前，住在加護病房的情形。

「坤輿的代誌結束了後，我就蹛入去加護病房，本來按算這擺一定無命，毋過閣活過來，閣出加護病房。我就一直咧回想，是毋是閣有啥物代誌無做？可能天公伯仔，叫我共這件代誌做了，遮會使走。」她說的是，在住家空地，做一塊灣寶抗爭成功的紀念碑。

「阮遐囡仔講，這是咱灣寶家己的代誌，為啥物欲寫？毋過我的想法是，這塊土地毋止是灣寶的代誌，種出來的物件是逐家欲食的。我欲予逐家知樣，這塊土地當初是遮爾濟人拍拚，遮留落來的。你感覺按怎？」

「真好矣，我感覺袂穲。」我附和她的提議，因為我知道，當洪箱問你的意見，通常她心中早有定論，我們要做的，就是幫她做點什麼。

她接著說：「我是想欲予後一代的人知樣，土地對咱確實真重要，對當初來共阮鬥跤手的人，嘛是一个紀念。真濟人講，你寫這無人看，毋過，無一定愛予人看，就是一个紀念。你講屈原咱有熟似無？」

「妳講啥人？」

「屈原矣，咱和伊無熟似，毋過咱綁肉粽予伊食，拜伊，感動伊的精神。我的看法是按呢，毋是講你熟似我、我熟似你，毋免熟似矣。」雖然病中，洪箱說話一如往常生動有趣，用屈原做比喻，真是神來一筆。

接著她提到好多人，徐世榮、廖本全、蔡培慧……希望把他們的名字都刻在紀念碑上。最後她說：「我這馬只想欲共這件代誌做了就好，其他就順其自然。我的人生，比別人較幸福，有遮爾濟好朋友，囡仔攏真有孝。明年若有機會，咱來辦感恩會，逐家歡喜來食一頓，開講，好無？」

很遺憾，這個明年之約，最後並沒有實現。

一個月後，這塊紀念碑，在黃世雄、徐玉紅夫婦協助下完成了，立在洪箱家前方、靠馬路邊一個農舍空地上。這裡平常養雞、種果樹、放農產品，有時辦活動。有一次我去找洪箱，說著她提議，「咱來去抾雞卵。」我們穿梭在果樹間尋找雞蛋，母雞看到我們就格格叫跑開。

洪箱家的田不用除草劑，沒多久就需要人工除草，那真是一個很不簡單的勞動。有一天我提議去幫忙，沒幾分鐘就投降了。「恁攑筆的較無路用。」洪箱遠遠看著我，搖搖頭笑了起來，從此我對不用除草劑的農民，肅然起敬。

黃昏快收工時，我們併肩坐在田埂上看夕陽，有人買雞排來犒賞大家，她們家的黑狗，聞到香噴噴的雞排味，跑過來在我們身邊繞圈子，我撕了一塊丟在地上，牠很快吃完，又抬起頭，用水汪汪的大眼睛看著我們。

「你欲予伊食，嘛較有誠意一點矣，毋通擲佇塗跤啦。」我馬上跟黑狗兄道歉，接著再撕一大塊肉放在田埂上。那真是一個充滿回憶的地方。

張嘉玲說，洪箱出院回家後，有帶她去看過這個紀念碑，她很滿意。

想起她常說：「世間人，工課若做了矣，天公伯仔就會叫伊轉去。」

洪箱，不只完成了自己的人生，還留給我們，無盡的愛。

致謝

這本書能夠出版，首先要感謝所有受訪者，他們以自己的故事，突顯土地正義的傾斜。並以無所畏懼的勇氣，讓傾斜有機會逐漸回到常軌。

感謝在天上的洪箱姐，我的記者生涯，受到她的啟發相當大，她讓我看見台灣農村，深藏不露的智慧與活力，直到如今，依然持續影響著我。

感謝「卓越新聞獎基金會」執行長陳靜雲女士，總是給予記者最大的支持與鼓勵，再度贊助這本書出版。

感謝基金會董事：杜念中先生、陳炳宏老師，他們奉獻自己的寶貴時間，詳細看過書稿，提出非常珍貴的建議，讓我獲益很大。

感謝「巨流圖書公司」編輯邱仕弘先生，我從二〇一四年至今出版的四本書，其中三本都由他編輯，感謝他一直以來的耐心與包容。

最後要感謝許多為土地正義、環境正義挺身而出的人，因為你們的付出，才能持續點燃希望之火，指引前進的方向。

Excellent
卓越新聞獎 29

洪箱與土地正義

國家圖書館出版品預行編目（CIP）資料

洪箱與土地正義/朱淑娟著. -- 初版. -- 高雄市：巨流圖書股份有限公司, 2025.06
面； 公分
ISBN 978-957-732-740-6（平裝）

1.CST: 土地徵收 2.CST: 社會正義 3.CST: 臺灣

554.48 114006369

著　　者　朱淑娟
責任編輯　邱仕弘
封面設計　黃士豪

發 行 人　楊曉華
總 編 輯　蔡國彬

出　　版　巨流圖書股份有限公司
802019 高雄市苓雅區五福一路 57 號 2 樓之 2
電話：07-2265267
傳真：07-2264697
e-mail: chuliu@liwen.com.tw
網址：http://www.liwen.com.tw

編 輯 部　100003 臺北市中正區重慶南路一段 57 號 10 樓之 12
電話：02-29222396
傳真：02-29220464

郵撥帳號　01002323 巨流圖書股份有限公司
購書專線　07-2265267 轉 236

法律顧問　林廷隆律師
電話：02-29658212

出版登記證　局版台業字第 1045 號

巨流

ISBN / 978-957-732-740-6（平裝）
初版一刷・2025 年 6 月
初版二刷・2025 年10 月

定價：460 元

版權所有，請勿翻印
（本書如有破損、缺頁或倒裝，請寄回更換）